La Niñez Y El Demonio
De La Soledad

La Niñez Y El Demonio De La Soledad

Y Otros Temas

Héctor Rosas Padilla

Número de Control de la Biblioteca del Congreso de EE. UU.:   2024901551
ISBN: Tapa Dura   978-1-5065-5220-0
         Tapa Blanda   978-1-5065-5222-4
         Libro Electrónico   978-1-5065-5221-7

Fotos (portada y contraportada): Jorge Acosta / Elizabeth Montoya

Información de la imprenta disponible en la última página.

Primera edición, julio 2018, Lima – Perú
Fecha de revisión: 26/01/2024

Para realizar pedidos de este libro, contacte con:
Palibrio
1663 Liberty Drive
Suite 200
Bloomington, IN 47403
Gratis desde EE. UU. al 877.407.5847
Gratis desde México al 01.800.288.2243
Gratis desde España al 900.866.949
Desde otro país al +1.812.671.9757
Fax: 01.812.355.1576
ventas@palibrio.com
852611

ÍNDICE

TEMAS UN TANTO POLÉMICOS

A:

Nancy López Estrada, en Durango, México; Gladys Elvia Hernández, en Cañete, Perú; Yen Lee Rosas, en Chancay, Perú; Brenda Padilla, en Argentina; y Carla Vidaurre, en Amazonas, Perú.

El infierno está todo en esta palabra: SOLEDAD
VICTOR HUGO

"… Hay una epidemia de soledad en el mundo. Y el problema empeorará a medida que la expectativa de vida crece, hay cada vez más adultos mayores solos, y los jóvenes son cada vez más adictos a Facebook y otras redes sociales donde muchos tienen miles de amigos virtuales, pero ni un solo amigo real…".
ANDRÉS OPPENHEIMER

"… La soledad de los niños es una verdadera epidemia. La propicia el clima de estos tiempos en donde parece que los ratos para los abrazos, los besos y la conversación pausada ya no existen… A cambio de ello solo hay tiempo para el trabajo. Padres que llegan tarde y siempre están cansados y alterados… Los niños de hoy se sienten muy solos y eso los convierte en personas silenciosas. No saben cómo expresar lo que sienten porque nunca es este un tema de conversación. Y el no saber dar cuenta de su mundo interno, aumenta su soledad. También son más irritables, intolerantes y exigentes…".
EDITH SÁNCHEZ, escritora y periodista colombiana

"… Casi todos piensan que la soledad afecta a los que viven solos pero se puede vivir acompañado, incluso tener una familia grande y no sentirse arropado o querido…".
JUAN DÍEZ NICOLÁS, "La soledad en España".

La Niñez Y El Demonio De La Soledad

Este es un dato cruel y sorprendente. Indica que uno de los principales problemas de los niños en la controvertida era de la globalización, y especialmente en las ciudades ricas, es la soledad, sí, la soledad, aunque este dato no les preocupe en absoluto a aquellos padres de familia que por haberles dado a sus hijos todo lo habido y por haber, piensan que éstos no carecen de nada y, en consecuencia, son felices.

Pero el problema empieza a preocupar en nuestra sociedad, aunque poco o nada se esté haciendo para afrontarlo. Las autoridades del Estado encargadas de la educación y protección de la niñez no toman cartas en el asunto y a muchos padres de familia parece no interesarles. Son pocos los progenitores que disfrutando o no de una buena situación económica, no olvidan que tienen hijos y, haciendo grandes sacrificios, distribuyen su tiempo entre su hogar y el trabajo con el fin de dedicarles a estos niños el mayor tiempo posible.

Leamos lo que dice al respecto el periodista y escritor español Raúl Gonzáles Zorrilla:

"Profesores, pedagogos, psicólogos y sociólogos comienzan a dibujar el que ya es uno de los grandes problemas de la infancia: la soledad de los niños. No nos están hablando de niños desamparados, abandonados, malnutridos o desatendidos, sino que están haciendo referencia a un tipo de pequeños que se pasan los días en el colegio y que, al regresar a casa, no sienten la atención, el interés, la compañía, la presencia y la vigilancia de los padres. El hogar para estos niños es un territorio inhóspito, cómodo, opulento y dotado de todo lo que necesitan, pero donde les resulta difícil, por no decir imposible, hallar la complicidad de los progenitores, encontrar tiempo para ser escuchados, ganarse la atención de los mayores o lograr que éstos muestren interés por su anhelos, preocupaciones, esperanzas y problemas".

O sea que esta enfermedad que atacaba mayormente a los adultos y ancianos que son abandonados por sus hijos y la sociedad, ahora también se ensaña con nuestros muchachos, y cada vez los atrapa en un mayor número e impulsa a algunos a cometer actos de barbarie. Esto tenía que ocurrir tarde o temprano, porque el modo de vida en la sociedad americana, como en todas las ciudades ricas del mundo, promueve especialmente la soledad en chicos y grandes. "Los americanos están mucho más aislados y solitarios que nunca antes, a pesar de que parece que tienen infinitas formas de mantenerse en contacto por medio de la tecnología en las comunicaciones y en las redes sociales. La mayoría de nosotros no conoce a sus vecinos. Constantemente cambiamos de trabajo y nos trasladamos con frecuencia, dejando atrás a la familia y los amigos", sostiene Jacqueline Olds, M.D., profesora asociada de psiquiatría en la Escuela de Medicina de la Universidad de Harvard.

Acerca de este mal de nuestro tiempo me ocuparé en el presente artículo, publicado antes en revistas y libros, y que ahora he ampliado y corregido para esta reedición. Es necesario aclarar, sin embargo, que no trataré de la soledad que sufren las personas mayores porque mi propósito es otro. Pretendo hablar específicamente, en mi condición de padre de familia y habitante de este país, del estado de abandono en que vive un número significativo de niños en nuestra sociedad.

Este problema es tan grave como ese otro de la obesidad, en el plano de la salud, que está acabando con la vida de tantos jóvenes o problematizando su estado físico. Lo que sucede es que no se habla tanto de él en los medios de comunicación porque su cuadro no está a la vista, como el de la obesidad, o como el del consumo de estupefacientes y de la deserción escolar. Y es así porque no se airea ni se deja ver fuera de las casas. Prefiere acosar a sus víctimas en los dormitorios y garajes, ambientes muy poco visitados por la mayoría de progenitores, quienes parece que habitaran viviendas diferentes a las de sus hijos, a pesar que los dormitorios de unos y otros no están muy distantes. No se equivoca el Dr. Michael L. Conmons cuando dice que "El disponer de más dinero ha contribuido en la separación de las familias, porque se posee casas más grandes, con habitaciones separadas para cada niño". Y en muchas de ellas con varios televisores y computadoras, los grandes suplantadores de la relación directa e interpersonal.

Pero ahí está la terrible soledad, atacando ferozmente a los muchachos de todas las razas y clases sociales, pues ella no discrimina ni descansa en su rauda carrera hasta los últimos rincones de Norteamérica. Y lo está consiguiendo. Y nada se está haciendo para desterrarla de la vida de ciertos jóvenes raros y taciturnos, aquellos que abruptamente cogen el arma que adquirieron fácilmente, y salen de sus casas con dirección a sus escuelas donde siembran el terror disparando contra estudiantes y profesores. Ahora entendemos por qué la escritora Emily Dickinson se refirió a la soledad como "el horror que no debe examinarse".

Con el tiroteo ocurrido el 14 de febrero en una escuela de Florida, que dejó un saldo de diecisiete muertos y quince heridos, sumaron dieciocho los atentados perpetrados hasta ese mes en lo que va del 2018. Hay aproximadamente un tiroteo por semana en Estados Unidos. Y lo alarmante es que los autores de estos asesinatos masivos no son terroristas profesionales ni delincuentes con un amplio prontuario policial, sino mayormente jóvenes que vivían en hogares donde no existía la convivencia, el amor y la comunicación, según se investigó después. Tampoco el control ni la preocupación de los padres por la educación del "futuro de la patria". Hogares donde los progenitores abandonan de tal manera a sus hijos que los muchachos llegan a considerar al televisor, el celular y la computadora como sus únicos "compañeros". También como sus mejores consejeros. Y poco se puede hacer para que los muchachos sientan apego por unos padres que cada vez permanecen más tiempo en sus centros de trabajos, debido a sus crecientes necesidades económicas. "Casi todos estamos trabajando más horas. Al final de la jornada llevamos trabajo para hacer en casa; trabajamos los fines de semana; y prácticamente todos se quejan de lo ocupados que están", dice Olds.

¿A quién culpar de este problema que preocupa en alto grado a los psicólogos? ¿A los mismos muchachos por dejarse vencer por la soledad? ¿O acaso por creárselo? Porque tiene que haber culpables en estas ciudades grandes y ricas. Y aunque la televisión y la computadora tienen mucha influencia en los jóvenes, no debemos considerar como esos grandes responsables solamente a estos aparatos electrónicos porque no todo lo que ofrece la TV y la computadora es negativo. También entretienen, informan y educan. Depende del control que se debe tener en el hogar sobre ellos con respecto a los programas y los blogs. Asimismo, con el horario, porque a decir verdad es demasiado el número de horas que los niños americanos le dedican, por ejemplo, a la televisión. "Ellos pasan más tiempo mirando la televisión que realizando cualquier otra actividad. En el plazo de un año, pasarán más de mil horas frente a la televisión contra sólo novecientas horas en la escuela", señaló un tiempo atrás screentime.org. Y cuando no miran la TV, están con los ojos puestos en el teléfono celular, y, casi siempre, hacen uso de estos dos aparatos a la misma vez.

Este problema de la soledad en los muchachos no ha aparecido por obra y gracia del espíritu santo. Nada se da por el simple hecho de darse. Toda consecuencia tiene causales en la sociedad en la que vivimos, donde además de este problema hay otros como la drogadicción en menores de edad, el maltrato infantil en diversas formas y el abuso sexual a los niños, de los cuales trato en otro artículo.

El presidente Trump, a partir de una reunión con padres de familia, también ha hecho suya la idea que dio un progenitor de armar a los maestros para frenar las matanzas en las escuelas. Nada tan fácil para Trump como recurrir a esta medida para terminar con este gravísimo problema de los tiroteos. O sea, para impedir que estos jóvenes hagan de las suyas con sus armas mortíferas hay que dotar también de armas a los maestros, planteando así implícitamente un bárbaro enfrentamiento entre ambas partes. Vaya ironía: a las armas hay que afrontarlas con armas cuando el clamor nacional es reducir su número para que no lleguen a más manos de potenciales criminales. Eso es todo lo que ha planteado Trump. Nada se ha dicho, en cambio, sobre la necesidad de controlar el gigantesco mercado de armas de fuego en Estados Unidos y dedicar más atención a la salud mental y emocional de los muchachos. Hasta las ciudades, escenario de estos crímenes, necesitan atención psicológica. Definitivamente, nuestra sociedad, en el estado en que se encuentra, no es una buena escuela para los muchachos. Muy pocas cosas positivas tienen que mostrar y su influencia negativa, aunque no es determinante, sí es muy fuerte en una buena parte de nuestra juventud. A esto hay que agregar que cada vez son más los muchachos que nacen y viven en hogares que no son los "dulces hogares" que debieran ser y donde, al volver de la escuela, se quedan más tiempo solos porque los padres se ven obligados a salir a trabajar todo el día. Y "un hombre solo siempre está en mala compañía", decía el poeta Paul Valery.

Por su parte, los padres de familia de todas las nacionalidades se rasgan las vestiduras al enterarse de estos hechos sangrientos en las escuelas, propagados por los medios de comunicación durante días. Y lloran a los muchachos y profesores caídos y condenan a los responsables de estas matanzas, ¿pero piensan acaso que alguno de sus hijos podría convertirse cualquier día en uno de estos seres mefistofélicos? La reflexión sería pertinente, pues el modo de vida que muchos de ellos llevan en sus hogares son las mejores fábricas para moldear a esta clase de asesinos. Por no saber, o no querer balancear su tiempo entre el trabajo, el hogar y la escuela, tienen abandonados a sus hijos sin importarles el abatimiento de la soledad al que los condenan. A menudo me encuentro con padres hispanos que sostienen, por ejemplo, que la responsabilidad de los muchachos es estudiar y, la de ellos, trabajar y ganar dinero para que nada les falte, ni en la casa ni en la escuela. Por esta razón, muchos jefes de familia brillan por su ausencia en sus hogares. Viven en función de la ganancia y no de quienes los reclaman durante la cena o cuando necesitan, urgentemente, una explicación sobre algo que no alcanzan a comprender. Con esta actitud generamos el mayor porcentaje de jóvenes hispanos que abandona las escuelas, problema que causa un gran daño a la sociedad. Estamos seguros que si todos los padres pusieran, al menos, un poco de interés en la educación de sus hijos no tendríamos este porcentaje tan alto de estudiantes que no concluye el bachillerato. Tampoco el porcentaje más bajo de jóvenes que terminan sus estudios universitarios. No pedimos que los padres se desempeñen exactamente como lo hacen los maestros en las escuelas, o que los hogares se conviertan en verdaderos salones de clases. Esto no es aconsejable desde ningún punto de vista. Queremos que ellos, sin perder sus características de padres y de la mejor manera que puedan, pongan su parte en la educación de sus vástagos y cumplan con todas sus responsabilidades. A saber, los que no terminan la secundaria "son dos veces más propensos al desempleo, tienen tres veces más posibilidades de ser pobres y ocho de terminar en prisión", indica un revelador estudio.

Hasta donde se sabe, los muchachos de ninguna manera se inventan para sí "ese estado del que vive lejos del mundo" o, -¿por qué no decirlo?- "ese estado del que vive también lejos de sus padres". Son otros los factores que los fuerzan a convivir con algo que aborrecen: la soledad.

Todos hemos pasado por esta difícil edad y recordamos que lo que menos nos gustaba era vivir entre cuatro paredes. Odiábamos el encierro. Amábamos y buscábamos el mundanal ruido. Los parques y los amigos eran nuestro mundo. Y cuando nuestros padres indolentes, por una u otra razón, prohibían que saliéramos de la casa, nos escapábamos contando a veces con la complicidad de nuestras madres. Éramos conscientes de la paliza que nos esperaba después, pero preferíamos mil veces el aire libre de las esquinas para reunirnos con amigos reales, y digo reales porque ahora, con el avance de la tecnología, ya no es necesario abandonar la casa para encontrarse con "amigos". Los tenemos mediante el internet, y por cientos, aunque virtuales, o sea amigos no reales. Pero para aquellos niños y adolescentes que viven solos, estos amigos virtuales, dicen, logran disipar su soledad, algo que ponemos en tela de juicio. "Los diálogos de un chat virtual favorecen la introyección solipsista y cuando ésta es la única vía de contacto con los demás termina convirtiéndose en una excusa para el aislamiento", manifiesta Cecilia Zugazaza, licenciada en psicología y especialista en vínculos.

En nuestra sociedad, los niños no se quedan solos en sus casas porque les agrade sobremanera ese ambiente o porque quieran llevar una vida de ermitaños. No soy un experto en asuntos familiares, pero hasta donde he podido observar esto sucede porque ellos no tienen otra alternativa, ya que sus padres, sean de escasos o de buenos recursos económicos, no disponen de tiempo para sentarse con sus hijos en la sala o entrar a sus cuartos para hablar sobre sus predilecciones y preocupaciones. Están entregados de cuerpo y alma al trabajo. Algunos apenas se ven en el hogar con sus hijos durante una o dos horas al día. Otros, ni siquiera por un minuto, puesto que salen de la casa cuando los niños se levantan, y regresan cuando ellos ya duermen. Su justificación: "Trabajamos de sol a sol para que nuestros críos lleven una vida mejor". Nosotros creemos que, de "mejor", esas vidas tienen muy poco porque en estos tiempos la relación y comunicación entre progenitores e hijos prácticamente ha colapsado. También justifican su ausencia recurriendo al candoroso y falso argumento de que trabajan todo el día para darles a sus hijos lo que ellos no tuvieron en su niñez. ¿No será que en el fondo solo buscan satisfacer los caprichos de sus hijos para encubrir la irresponsabilidad de su abandono? Ese empeño en regalarles modernos celulares y costosos videojuegos, ¿no será solo para mantenerlos amorosos, obedientes y tranquilos durante su ausencia?

"Los padres no toman verdadera conciencia de la gravedad de la situación, es una aberración no compartir con tu hijo ni un minuto durante todo el día, muchos padres creen que con tenerlos bien alimentados es suficiente..." manifiesta la licenciada argentina Marcela Cortés, quien tiene un postgrado en Clínica Psicoanalítica de niños adolescentes.

Y la figura materna no se queda atrás, también comete el mismo error. La madre, cuando está al frente del hogar, por hacer más dinero o porque no puede -o no quiere- dejar de trabajar ningún día, también se desatiende de sus críos. O porque no quiere dejar de ir al gimnasio u otros lugares. O sea que por una u otra razón, tanto padres como madres, son absorbidos por el trabajo u otras actividades y dejan sumidos en soledad a sus hijos. Sin embargo, lanzan el grito al cielo cuando los muchachos vienen con pésimas calificaciones o cuando los llaman para avisarles que tienen que recogerlos de la comisaría local porque fueron sorprendidos fumando marihuana en el patio de sus escuelas. O cuando se enteran que una de sus pequeñas hijas no asiste a clase porque tiene varios meses de gestación.

Es tal el grado de soledad de los muchachos que muchos optan por buscar la compañía de los personajes (de sangre fría e imaginación enfermiza) de las series televisivas. O de visitar, cada cinco minutos, la cocina, y atragantarse con toda la basura que hay en la refrigeradora. O de encerrarse en sus cuartos para consumir el crack que fácilmente adquirieron en ese gran mercado de venta de drogas en que se han convertido las escuelas. O para no dejar un minuto libre a esos amigos tan perniciosos e instructivos a la vez: la computadora y el celular. Otros se refugian en sus garajes y preparan armas mortíferas, como lo hicieron los dos jóvenes estudiantes que cometieron una masacre en un colegio de Columbine. "La obesidad, la depresión y adicciones son problemas que se derivan de la soledad", piensa la licenciada Marcela Cortés".

Las chicas tampoco escapan de este estado de abandono por parte de los que las engendraron. Por esto, tiene bastante que ver con la familia el que muchas de ellas salgan embarazadas a temprana edad o que retornen a sus casas a la hora que les da la gana después de una noche de juerga. Sus casas ya parecen hoteles, porque estas jovencitas, aprovechando que sus padres están ausentes, entran y salen de sus cuartos con sus compañeros de clase o con el primero que conocieron a través de la internet. He aquí los resultados con respecto a las muchachas hispanas: "Más de la mitad (el 53 por ciento) quedan embarazadas en la adolescencia", según un informe dado a conocer años atrás por la Campaña para la Prevención del Embarazo No Planeado de la Adolescente y el Consejo Nacional de la Raza. Una de las causas para que esto suceda es el distanciamiento de las madres hispanas de sus hijas menores, así como la incomunicación entre ellas. También "es elevada la tasa de suicidios de las adolescentes hispanas entre los 14 y los 18 años de edad, más alta que en los otros grupos étnicos". El Centro Latino de la Investigación señala que "la falta de una relación estrecha y positiva entre las madres y sus hijas incrementa la posibilidad de suicidio en nuestras muchachas".

No exigimos que los padres permanezcan las veinticuatro horas del día en sus casas con sus hijos. O que les sigan los pasos adonde ellos van. Esto no sería aconsejable porque cuando los niños entran a la adolescencia anhelan primordialmente tener libertad y privacidad, debido a que consideran que ya pueden hacer cosas sin necesidad de ser vigilados. Y en parte les asiste la razón.

Sería tonto, pues, pedirles a los padres de familia que no se aparten un minuto de sus hijos por la sencilla razón que tienen que trabajar para mantener económicamente el hogar. Nadie lo va a hacer por ellos. Es su obligación y tienen que saber aprovechar la jornada de trabajo.

¿Pero qué hay con ese tiempo de calidad que los jefes de familia deben concederles a los hijos, especialmente durante la hora de la cena o cuando éstos permanecen en sus cuartos? Los hijos necesitan de ese "tiempo de oro" para sentir la presencia de sus padres en su vidas. Para escucharlos y ser escuchados. Para desprenderse un poco del celular y la computadora. Para aprender lo que los padres puedan enseñarles, como por ejemplo acerca de la convivencia familiar. Esto último es muy importante, porque cuando los muchachos no ven ni practican la convivencia familiar, es más que seguro que tampoco se implicarán en la vida de su progenie.

Trabajar para vivir sin premuras no es malo. Lo censurable es vivir solo para trabajar, para pasar de un trabajo a otro, olvidándose de los hijos que trajeron al mundo y sobre quienes tienen el deber de la protección. Así como los progenitores deben tener presente la obligación de trabajar para que nada les falte a sus hijos, también deben tener claro que su obligación es compartir momentos de calidad con ellos. "De nada sirve el esfuerzo de los padres en el trabajo, si es que no hay un esfuerzo con los hijos en la casa", opina Stefan Behar.

Comprendemos que algunos trabajos son tan duros y prolongados que dejan exhaustos y muchas veces con pocos deseos de hacer algo en la casa. Lo hemos experimentado en carne propia. Sin embargo, los jefes de familia tienen que buscar la manera de hacerse tangibles en la vida de sus muchachos. Y no calificaremos de malos padres a los que por su precaria situación económica no pueden hacerlo, pero es necesario que ellos tomen conciencia de la importancia de la convivencia entre padre e hijo. Que tengan presente que de nada sirve su entrega al trabajo, sino hay una entrega a su familia.

En cuanto a los progenitores que disfrutan de una buena situación económica, habrá que advertirles que estamos seguros que los niños que se hacen hombres en medio de la abundancia preferirían más amor y atención de sus padres en vez de los celulares o videojuegos carísimos que les obsequian para mantenerlos contentos. También preferirían que sus padres visiten primero sus habitaciones antes que los salones de juego, los bares o los clubes nocturnos. Preferirían, que les cuenten de sus experiencias antes que les hablen de ganancias o de cuentas bancarias.

Cierto, muchos jefes de familia no disponen de tiempo para sentarse con sus hijos en la sala o entrar a sus cuartos para hablar sobre asuntos relacionados con sus estudios, pero en cambio sí disponen de todo el tiempo del mundo para exagerar con el uso del celular o la computadora. O para deleitarse con un partido de fútbol televisado, cosa que de ninguna manera, el que escribe este artículo, trata de impedir que vean y disfruten. Pueden ver y hacer lo que quieran, pero ¿qué hay con ese "tiempo de oro" que los padres deben dedicarles a esos pequeños que esperan al menos una palabra de estímulo en sus tareas o una frase de cariño?

En conclusión, los padres modernos, ya sea por su precaria situación económica o por querer duplicar sus ingresos, se han convertido en seres extraños para los muchachos que engendraron. Al parecer, por lo que podemos ver en nuestra sociedad, el trabajo es ahora para los jefes de familia la razón de ser de su existencia. Aparte del trabajo, observamos, las actividades sociales o las reuniones en sus iglesias, por ejemplo, tienen más relevancia para ellos que la salud mental y emocional de los jóvenes. Entendemos que necesitan un merecido descanso durante las noches y los fines de semana, después de las duras jornadas, pero no deben olvidar que antes que las actividades sociales o las reuniones en sus iglesias está la convivencia con los hijos. En el ejercicio de esta tarea estarán cumpliendo con la sociedad, con la familia y con Dios. No olvidemos la advertencia del gran Victor Hugo: "El infierno está todo en esta palabra: Soledad".

No cerremos los ojos ante la realidad. Ya estamos viendo algo de ese infierno. A decir verdad, no esperábamos que se presentara en los jóvenes de forma tan acentuada y devastadora, pues las secuelas, en quienes la padecen y en el medio donde se mueven, muchas veces son crueles: suicidios y asesinatos que pasman al mundo por su peculiaridad y que nos mueve a pensar seriamente en eso que "El hombre solitario es una bestia o un dios", como dijo Aristóteles.

Estamos ante dos de los problemas más serios de este siglo veintiuno: la soledad y la violencia. Y si queda alguna duda que el estado de abandono en que viven muchos adolescentes puede llevarlos a destruir vidas humanas, leamos lo que dice el autor W.A. Sadler: "Las investigaciones adicionales confirmarán esta conclusión tentativa: las personas muy solitarias, que se enojan en lugar de deprimirse, tendrán la tendencia a expresar la frustración de su soledad en formas destructivas. No creo que sea una mera coincidencia el que estamos viendo un aumento sin paralelos de violencia a la vez que la soledad se ha difundido tanto y es tan intenso". (Publicado en el Perú en el año 2018)

"… Todos necesitamos un saludable equilibrio entre la sociedad y soledad. Si hubiera que escoger entre una de las dos, el pensador norteamericano Ralp Waldo Emerson elegiría la soledad, pero me parece a mí que es mejor, mucho más humano y más razonable, elegir la sociedad, la convivencia con los demás… Quien se aísla, quien elige la soledad, ha renunciado a cambiar, ha bloqueado su capacidad de aprender. Elegir la sociedad genera, por supuesto problemas, pero es también maravillosa fuente de gozo, de alegría y de amistad…".
JAIME NUBIOLA, "Entre la sociedad y la soledad".

La distancia más larga entre las personas está en la falta de comunicación
CONSEJOSDELDÍA.COM

"… La comunicación computarizada. El mundo es de la tecnología, y la computación es la nueva Religión del Éxito…".
CARLOS MONSIVÁIS

"… A veces quienes se creen náufragos, solitarios y aislados, se consuelan con la idea de que esa soledad les hace más libres, pero se trata de un error, pues de ordinario el aislamiento es totalmente estéril…"
JAIME NUBIOLA, profesor en la Universidad de Navarra

El verdadero mundo ha sido destruido por nosotros: ¿qué mundo queda?, ¿el aparente tal vez?... ¡Pero no! Con el verdadero mundo hemos destruido también el aparente.

FRIEDRICH NIETZSCHE, "El ocaso de los ídolos".

Monólogo En La Calle De Los Desconocidos

¿Qué quieres saber de mi ciudad, mi estimado? Ya sé. Porque soy periodista y vivo en esta ciudad muy adelantada, según dicen, quieres que te hable, no de sus atractivos turísticos, sino de lo relacionado con la comunicación entre su gente y, por ende, de las relaciones humanas que al parecer a casi nadie le preocupa. Mira, no tengo nada contra esta ciudad que me ha dado mucho, pero sinceramente no sé qué decirte. Sí, así como me escuchas, yo, periodista, con muchos estudios en comunicación, no sé qué decir cuando me preguntan sobre estas cosas. Qué podría decir si muchos de los que vivimos en mi calle, por ejemplo, ni siquiera cruzamos saludos con los que viven al lado de nuestras casas o frente a ellas, nuestros vecinos. Lo mismo he visto que sucede en otros lugares, sobre todo donde se levantan las grandes mansiones y vive la gente de buena posición económica. Que hay vecinos que se conocen y socializan los hay, no voy a negarlo, pero son pocos, contados con los dedos de las manos. En los barrios latinos es donde aún se puede ver una mayor convivencia humana, debido, entre otras razones, a que en muchas de esas áreas viven familias que proceden de un mismo país o de una misma ciudad extranjera. Pero por ahora no voy a hablar de la comunicación más allá de mi calle, hablaré de la comunicación en mi vecindario que es donde vivo y hay familias de diversas razas. Esta comunicación, mi estimado, casi no se da entre vecinos y con la convivencia humana sucede lo mismo. ¿Acaso esto se debe porque para nosotros es más importante la privacidad que el sentido de comunidad? Creo que sí, y si hay alguna duda, basta contemplar las cercas que hoy en día son tan comunes y separan unas casas de las otras. Nos hemos centrado tanto en nosotros mismos y en nuestra familia que no tenemos el menor interés por fraternizar con nuestros vecinos, mucho menos de hablar con ellos, lo cual sería lo más fácil y sencillo del mundo porque los tenemos ante nuestra vista todos los días. Ah, sin embargo poseemos los más sofisticados celulares. Tenemos teléfonos en cada una de nuestras habitaciones como para hacer saber que la comunicación para nosotros es lo primero. Tenemos computadoras y faxes, en fin, todos los medios electrónicos más modernos para comunicarnos con nuestros viejos camaradas y ex compañeros de estudios que están dispersos por todo el mundo. Y también para charlar con los nuevos amigos que hemos conocido en algún evento cultural o deportivo y que residen en alguna parte de nuestra ciudad. Los nombres completos de todos ellos, así como sus respectivos números telefónicos y correos electrónicos los guardamos celosamente en nuestros celulares y laptops. O los tenemos escritos en un directorio que lo mantenemos en la parte más visible de nuestro family room para que esté al alcance de nuestras manos cuando tengamos necesidad de hablar con algunos de ellos que, dicho sea de paso, viven en los lugares más apartados del orbe. Pero vaya ironía, lo que es la vida, en esta lista no figuran los números de los que residen cerquita a nosotros, sí, de nuestros queridos vecinos que viven, no en la Cochinchina, sino, repito, a unos segundos de nuestras casas, y de quienes no tenemos ninguna información. ¿Desde cuándo vivirán ahí? ¿Qué es lo que hacen algunos de ellos para vivir tan bien que pasan sin mirarnos al timón de unos carrazos? ¿Dónde laborarán? ¿Percibirán buenos salarios o estarán metidos en negocios turbios? Vaya usted a saberlo. Y si se llaman Pedro Saravia o Thomas Lamb o María Chong lo ignoramos, y tampoco tenemos la menor inquietud por averiguarlo. Lo único que sabemos es que en las casas que colindan con las nuestras, o cruzando la calle, respiran unos individuos, probablemente tan pocos amigos también de la comunicación vecinal y que, al igual que nosotros respecto a ellos, tampoco tienen ningún deseo de conocernos. Nunca hemos visto por parte ellos la intención de acercarse a nosotros para charlar o al menos para hacernos alguna pregunta o pedirnos algo, como sucedía en nuestros países de origen con nuestros vecinos que de vez en cuando se animaban, con vergüenza o no, a tocar nuestras puertas para ver si le podíamos regalar un poco de azúcar o prestarle un cuchillo. Y esto conllevaba, a veces, a conversar con ellos un buen rato sobre nuestros lugares de origen o de tantas otras cosas. Y así nacía la gran amistad con los vecinos, a quienes poco después los teníamos en las fiestas que celebrábamos en casa, y ellos, a su vez, a nosotros en las suyas, compartiendo un plato típico de sus pueblos. Pero aquí, en esta "ciudad de las maravillas", y donde estoy seguro que la Alicia del cuento se moriría de tedio porque no tendría con quien hablar, no hay tiempo ni espacio en nuestras vidas para la convivencia. Me rectifico, de haberlo lo hay si nos pro- pusiéramos, pero parece que esta costumbre es propia de las ciudades tercermundistas o subdesarrolladas, como injustamente las califican, porque déjame decirte que en cuanto a socialización le llevan años luz de adelanto a esta ciudad que posee puentes y edificios faraónicos que hay que mirarlos boquiabiertos. Aquí, en mi calle, por ejemplo, cada quien tiene lo necesario y suficiente en su casa, y los que carecen de ciertas cosas en su cocina y en sus roperos, ahí que se la vean: que coman piedrecitas mientras su vecino tal vez se esté atragantando con un suculento desayuno y en los restaurantes se arroja a la basura toneladas de comida. A veces se coincide con los vecinos en salir de la casa a la misma hora para agarrar nuestros carros e ir al trabajo. Qué mejor momento para poder pasarse la voz o cruzar algunas palabras, ¿no le parece mi estimado? Pero nada de esto se da, ni un good morning ni una levantadita de mano, nada. Por la puta madre, es como si no existiéramos para ellos ni ellos para nosotros. Sólo estamos para los nuestros, y a veces ni eso, porque muchos padres se olvidan de los hijos en su afán de hacer más dinero. ¿Y todo esto para qué? Para incrementar sus cuentas bancarias y comprar viviendas más modernas que de alguna forma, paradójicamente, contribuyen a la separación de las familias, y es que estas viviendas son tan inmensas que pareciera que los padres vivieran muy distantes de sus hijos a pesar que sus alcobas no están muy lejos del de sus niños. Es triste decirlo, pero algunos progenitores apenas si se ven en el hogar con sus hijos durante unas horas al día. Otros, ni siquiera por algunos minutos, puesto que salen de la casa para ganarse el pan de cada día cuando los niños se levantan, y retornan agotados cuando ellos ya han sido vencidos por el sueño. Que una vez a las quinientas tenemos ratos de esparcimiento o salimos de viaje, sí, pero nuestra vida se ha reducido prácticamente a trabajar y trabajar desde que comienza el día. Por la tarde, al retornar a nuestros hogares, entramos corriendo para hacer, maldita sea, lo que siempre hacemos antes que cualquier otra cosa: prender el televisor para enterarnos del acontecer mundial. En pocos minutos nos informamos de lo que está sucediendo hasta en el planeta Marte. Sin embargo llevamos años viviendo al lado de las casas de quienes no sabemos absolutamente nada. Sólo sabemos, por el color de sus cabellos, que unos son gringos y otros parecen ser del Medio Oriente. Ignoramos si son empleados públicos o pequeños empresarios. O si por ahí de repente hay algún médico, sí, un médico al que hubiéramos recurrido nosotros, por ejemplo, cuando un familiar sufrió un serio accidente en nuestro patio. Pero como desconocemos lo que hacen los vecinos, tuvimos que llevarlo a un hospital y gastar cientos de dólares. Antes que esto sucediera, le cuento mi estimado, que un día la casa de otro vecino quedó hecha cenizas, y todo porque nadie tenía el número de su celular para llamarlo cuando el fuego recién empezaba. ¿Qué carajos nos está pasando a los seres humanos de hoy? ¿Es que no sentimos esa necesidad social básica de formar parte de una comunidad local, de relacionarnos con los vecinos, no tanto para hacer vida social sino para ayudarnos y protegernos? A propósito, nuestros ancestros sí actuaban como verdaderos animales grupales porque entendían que se necesitaba de los demás para vivir mejor y poder desarrollarse. ¿Acaso el hombre de ayer, en este aspecto, era mejor que el de hoy que, dicho sea de paso, tiene cientos de amigos en su página de facebook, pero ninguno en el vecindario donde vive? Yo no tengo nada contra mi ciudad ni con ninguna otra, pero mi pregunta es bien simple: ¿Por más modernas y hermosas que sean estas ciudades, se puede hablar igualmente de desarrollo humano en ellas si no existe una convivencia entre sus habitantes? ¿Usted qué opina mi estimado ya que me movió a que hablara sobre este tema? Le dejo la pregunta.

"… La lengua no tiene huesos, sin embargo, es lo bastante fuerte para hacer daño y envenenar a través de chismes y rumores. Un virus letal que no solo se aplica cuando llega a los oídos de la persona inteligente…".

VALERIA SABATER, psicóloga y escritora

El más dañino de los animales salvajes es el mentiroso, y de los animales domésticos el adulador.

DIÓGENES

Solo el de conducta intachable, que practica la justicia y de corazón dice la verdad; que no calumnia con la lengua, que no le hace mal a sus prójimos ni le acarrea desgracias a sus vecinos.

SALMOS: 15: 2 – 3

Mentes fuertes discuten ideas, las mentes medianas discuten eventos, las mentes débiles discuten sobre personas.

SÓCRATES

Si no tienes nada bueno que decir de nadie, ven y siéntate a mi lado.

ALICE ROOSEVELT LONGWORTH

Habla El Chisme Malicioso

Este soy yo: EL CHISME, pero no el chisme que espera o busca la gente para estar al día con lo que acontece en su comunidad. O para enterarse qué cosas se dicen de los logros de fulano o mengano. No, esa clase de chisme no es pernicioso. Tal vez sin él la sociedad hubiera desaparecido de la faz de la tierra. El chisme a veces puede ser beneficioso y digamos que no siempre encierra una mentira. A saber: "El chisme cumple funciones tanto sociales como psicológicas porque sirve para que las personas establezcan enlaces sociales". Esto por si acaso no lo escuché por ahí, sino que lo dice el psicólogo Ralp Rosnow. Pero qué lejos estoy yo de ser ese chisme benigno que es recibido con agrado. Yo soy el chisme malicioso, compañero íntimo de la mentira y la mala fe, el chisme hijo de puta que puede poner por el suelo la reputación de una persona. O a enfrentar a unos contra otros. O romper amistades de años. O causar problemas muy graves en las relaciones humanas.

Porque yo soy sinónimo de infamia y maldad. Por eso y con suficiente razón la investigadora Verónica Vásquez García me ha clasificado como una forma de violencia. Otros me consideran como un *bullying*social que afecto vidas. Otros, una de las armas sociales más peligrosas que existe en nuestra sociedad. Y otros, como un cáncer social. Y creo que no se exagera con lo que se dice acerca de mí. Por culpa de mi maldita lengua algunos se han suicidado y ha habido familias o grupos humanos que se han declarado una guerra a muerte. Y es que no todos tienen la misma capacidad de tolerancia para recibirme. Mientras unos me mientan la madre, otros se hacen de los oídos sordos para no amargarse la vida. Sin embargo, en algunos, por más que aseguren que no les importa "el qué dirán ", les quedará las ganas de arrancarme la lengua. ¿Y saben por qué? Porque mi lengua vierte veneno por donde camino. ¿Qué digo? Será por donde me arrastro como las víboras porque eso soy: una víbora que se desliza por todas partes buscando víctimas, buscando acabar con la armonía que existe entre los amigos o en los hogares. Y aunque las víboras atacan por instinto e inoculan su veneno en defensa propia, yo lo hago por maldad, sí, por maldad, porque soy compinche del diablo. George Harrison asegura que se ha logrado controlar muchos obstáculos en la vida. Pero no han conseguido controlarme a mí. Me importa un carajo la honorabilidad y la tranquilidad de lo demás. Muchas veces inoculo mi ponzoña por envidia aunque jure que no, que lo hago sin mala intención o por el alto concepto que tengo de la amistad. Lo cierto es que no puedo ver felices a las personas. Me irrita que otros individuos hayan alcanzado lo que yo no he logrado. O que tengan lo que yo no poseo. O que por ser mejores que yo gocen del respeto y la simpatía de todo el mundo. Soy tan malo como el acto de linchar injustamente, no con piedras, sino con palabras. Lincho a mi antojo la dignidad y la credibilidad de los individuos porque como están ausentes no pueden defenderse. Esto es una muestra que soy además un cobarde e hipócrita porque delante de mis víctimas jamás me atrevería a desprestigiarlos. Los lapido como me dé la gana y donde me dé la gana. Cuando no es en la vía pública o en las reuniones, yo descargo mis mentiras e infamias en los centro de trabajo, para tener en qué ocuparme, y en los centros de estudios, para sentirme importante. Ah, y en muchas casas también estoy presente. En los hogares que no pueden vivir sin mí me encarno en el jefe de familia o en el ama de casa que conviven con el ocio, y que en vez de sacarle provecho al internet, educándose, han convertido a las redes sociales en su lugar predilecto para el chisme. Y como la ociosidad es madre de todos los vicios, entre esos vicios no puedo faltar yo. Ahora con el internet estoy a la orden del día. En cuestión de segundos hago llegar mi veneno adonde quiera. No necesito moverme a ninguna parte del mundo. No tengo nacionalidad. Soy mundialmente conocido, mucho más que el Papa Francisco y el futbolista Leo Messi. Pertenezco a todas las clases sociales. Hablo todas las lenguas. Profeso todas las religiones. Y ejerzo todas las profesiones. Puedo ser negro o blanco, ignorante o bien ilustrado. Y aunque estoy presente en todas partes como la mala hierba, a veces me aburro de permanecer en un determinado lugar y tomo el primer avión que va a Lima, por ejemplo, para continuar desde allá con mi poder de destrucción. De todos hablo mal, así tengan cola que les pise o no. Yo sí que la tengo, y muy larga, pero la escondo. Ni los seres que conviven conmigo se escapan de mis infamias, mucho menos mis familiares políticos y los amigos. A éstos, dicho sea de paso, cada vez los pierdo en un mayor número porque desconfían de mi amistad, porque no quieren ser mi próxima víctima. Porque soy un asesino que porta la más destructiva de las armas: mi lengua. Sí, un asesino, pues "mato al hermano cuando hablo mal de él", lo ha dicho el Papa Francisco. "No hay murmuración inocente. Quien habla mal del prójimo es un hipócrita que no tiene la valentía de mirar sus propios defectos", ha manifestado. Por eso Plauto recomienda: "Los que propagan el chisme y los que lo escuchan, todos ellos deberían ser colgados: los propagadores por la lengua, y los oyentes por las orejas".

"… Popularmente el asno tiene fama de paciente, tozudo e incluso lerdo. Pero los zoólogos que los estudian opinan de forma bien distinta y aseguran que estos solípedos poseen una conducta compleja e incluso una gran inteligencia que nada tiene que envidiar a los cerdos, ratas y perros… en Grecia y Roma, el carácter del asno se usaba como ejemplo de virtud para los ciudadanos…".
Revista MUY INTERESANTE

"… Los burros son animales muy valientes. Cuando se asustan, no salen huyendo sino que rebuznan con fuerza. Un burro es el único animal de su tamaño que no retrocede si se encuentra con un león, razón por la cual en África se usaban burros para proteger al ganado…".
SERGIO PARAR, "Singularidades extraordinarias de animales ordinarios…".

"… Tal vez muchos podrán pensar que los burros son torpes, tontos, que no son nada inteligentes, pero… ¿Qué podemos decir de otros animales pensantes que tienen muy poco o casi nulo cacúmen en su cabeza?...".
FEDERICO ORTIZ MORENO

Conversación Con Un Burro

Ni bien llegué, cámara en mano, al rancho donde se iba a realizar la boda que tenía que fotografiar, me llamó poderosamente la atención un pequeño asno y un chivo que se hallaban cerca al patio donde se desarrollaría la ceremonia y la fiesta. ¿Qué no debería extrañarme la presencia de estos animales porque es común verlos a montones en los ranchos? Pero en este caso sí me impresionó verlos porque estaban bien acaramelados, como si fueran dos enamorados. El asno tenía su cabeza puesta sobre la cabeza del chivo. Era como si les encantara estar así, pues ni se movían ni hacían nada por separarse. Nunca antes había visto algo igual, ni siquiera en mi infancia que tuvo bastante familiaridad con estas criaturas. "Esta muestra de cariño entre estos animales tiene que ser inmortalizada por mi cámara fotográfica", pensé. Me informaron que los novios tardarían en llegar, por lo que, presuroso, me dirigí al lugar donde se hallaban estas dos criaturas de Dios, como diría San Francisco de Asís. Empezaba a fotografiarlos a través de la alambrada que cercaba una parte de su corral, cuando en ese momento vi que el asno se aparta del chivo y se encaminaba directamente hacia mí. Se detuvo ante la alambrada y, para mi asombro, comenzó a hablarme: "¿Por qué estás tomándonos fotos? No creo que sea porque tengamos la pinta de Enrique Iglesias. Ah, ya sé, seguro es porque te ha impresionado el inmenso cariño que nos tenemos mi hermano el chivo y yo. Sí, mi hermano, porque ahí donde lo ves es macho como yo. Pero el cariño que nos tenemos es tan inmensurable que así siempre nos van a ver, como dos enamorados". "¿Qué? ¿Un asno que habla?", murmuré sorprendido a la vez que a vuelo de pájaro me fijé en su vientre y comprobé lo que me había dicho acerca de su sexo. "Sí, soy un burro que habla, que ha roto su silencio porque ya no se puede seguir callado ante tanto desamor y enemistad que existe entre los seres humanos". "¿Qué puede usted saber don burro de lo que sucede más allá de este corral?", le pregunté. Y me respondió: "En primer lugar, para tu información, no soy nuevo en este rancho, llevo aquí hace ya varios años. Al chivo y a mí nos separaron de nuestros padres cuando éramos "chavales" y nos trajeron a este lugar. Ahora vamos a tu pregunta: mira, yo sé mucho más de lo que tú crees. Sé lo que sucede en este pueblo y también lo que pasa en el mundo porque cuando el capataz de este rancho viene a alimentarnos al chivo y a mí, no hace otra cosa que hablar, mientras nos ve comer, sobre los sucesos del día con la persona que lo acompaña. Yo paro las orejas nomás, y quedo horrorizado por las cosas que cuenta de las peleas, en nuestra ciudad, de hermano contra hermano, por no comulgar con las mismas ideas políticas. O de las guerras de un país con otro, por un pedazo de tierra. O acerca de la corrupción de las autoridades, sobre todo, las de Latinoamérica. Por lo que dice sobre la corrupción yo creo que las ciudades latinoamericanas deben heder mucho más que mi hermano el chivo. Ah, también me entero de estas cosas por la televisión". "Espere don burro ¿Cómo es eso? ¿Usted ve televisión? Pero si por aquí no veo ninguno de estos aparatos. Y no creo que le dejen entrar a la casa del patrón para que vea la televisión. No me imagino a un borrico sentado en un sofá". "Aunque soy un burro, a mucha honra, te pido que no me llames así. Ya que estamos entrando en confianza trátame de tú y llámame Catalino, que es como me llaman aquí. Mira, en este lugar no verás ningún televisor, pero en la entrada de la casa del dueño de estos terrenos hay uno para que los peones se entretengan después de la jornada de trabajo. Como yo tengo la libertad de caminar por cualquier parte de esta propiedad, por las tardes, después de realizar mis labores, acostumbro echarme muy cerca a esa caja que habla. Por supuesto que no es para ponerme a llorar con algún personaje de alguna estúpida telenovela, sino para ver los telenoticieros o algún documental sobre animales. Me gusta mucho verlos. Así que no pienses que soy un burro desinformado. Burro seré, pero no un burro que desconoce el acontecer mundial, como sucede con los "chavos" de ahora que no saben ni lo que pasa ante sus narices, a pesar que todo el tiempo están con ese bendito aparatito llamado tableta que puede llenarles de tantos conocimientos útiles y positivos. Uno de esos jóvenes, me da pena decirlo, es el hijo del patrón. Tampoco creas que los de mi especie somos unos animales estúpidos porque parecemos tener pelo de tontos por nuestra serenidad, sencillez y paciencia de santo. También porque entre las criaturas de la tierra somos los que más "chambeamos", digo, trabajamos". Aquí le interrumpo a don burro, perdón, a Catalino, para decirle: "Sé que ustedes son los que más se rompen el lomo, no necesitas recordármelo. Es por eso que existe la famosa expresión "trabajas como burro". "Sí, he ahí la razón por la que los humanos cuando alguien trabaja más de la cuenta le dicen "trabajas como burro". Pero sabes, amigo fotógrafo, yo no estoy de acuerdo con esta expresión porque muchos de ustedes, los humanos, también trabajan tanto como nosotros. Pensándolo bien, creo que no estaría mal decir que los burros "trabajan como humanos". Porque, a decir verdad, hay miles de individuos en este país que laboran de sol a sol, y otros miles que trabajan hasta más allá de la puesta del sol y los siete días de la semana, por un salario de hambre. Y también, muchos, por un trato humillante, según lo pude ver en mi anterior hogar donde el capataz era un abusivo y explotador. Unos trabajan hasta doble turno por necesidad y otros para aumentar sus cuentas bancarias, según le escucho decir al patrón, quien sostiene que por llevar este modo de vida muchos padres dejan de lado a su familia y no se envuelven en la educación de sus hijos. Y esto lo puedo constatar en este rancho. Hay algunos peones que se quedan en la luna cuando el patrón les pregunta en qué grado de estudios están sus hijos. ¡Qué vergüenza! Ni siquiera saben eso. Nosotros los equinos no trabajamos por necesidad ni por dinero. Lo hacemos por pasto y agua, y por un espacio donde podamos convivir con los nuestros y con los de otras especies. Para eso se ha hecho la tierra, para compartirlo con todos. Y por qué no, también trabajamos por un buen trato, porque como tú debes saber nosotros odiamos los malos tratos. Parecemos ser sumisos, pero no lo somos ni nos agrada que nos humillen como sí parece que a muchos humanos les gusta. Cuando alguien quiere obligarnos, por ejemplo, que caminemos por lugares que nos desagradan, nos plantamos y no damos un paso así nos muelan a palos. He ahí la razón por la que se nos conoce como tercos. El chivo y yo tenemos la suerte de vivir en este rancho donde se tiene un gran respeto a los animales, y se les quiere mucho, tanto así como nos queremos él y yo". Al mencionarme al chivo me entró la curiosidad de escuchar de boca de Catalino lo que desde el principio quería saber: ¿Por qué ese gran amor fraternal entre ellos siendo dos criaturas totalmente diferentes? Su respuesta no se dejó de esperar: "Porque hemos crecido en este lugar que ahora es nuestro hogar, y en los hogares, pienso, debe reinar el amor y la paz. Y si en los hogares no hay esto, podrán ser cualquier cosa, menos hogares. Tal vez peque de pacifista e idealista, pero es mi modo de pensar. También para demostrarles a todos los que siempre nos ven bien acaramelados que sí es posible la fraternidad aun en criaturas de distintas especies. Te cuento que al principio nos mirábamos con desconfianza y recelo, debido a nuestra gran diferencia física: Yo con dos orejotas, y él con dos pequeños cuernos y una barbita. Pero con el correr de los días, y tras ganarnos la confianza el uno del otro, comenzamos a encariñarnos. Ahora somos más que amigos, hermanos. Hermanos que felices comparten el mismo corral donde comen y duermen. Hermanos que solamente se separan cuando me sacan de este corral para realizar mis trabajos en este rancho, trabajos a veces bastante divertidos, como el de pasear a algunas de las hijas del patrón. Pero otras veces, bastante duros, como el de cargar leña o el pasto con el que se alimentan los caballos y las vacas que hay aquí". Para saciar mi curiosidad le pregunto a Catalino qué hace el chivo mientras él suda la gota gorda. "Él, debido a su cuerpo menudo y frágil, está liberado de laborar, o sea, no hace nada, nunca ha hecho nada, solamente vive para comer, dormir y dar vueltas en este corral y, sabes, eso a mí no me molesta ni incomoda en lo más mínimo. Al contrario, me alegra que no lo utilicen para nada porque así siempre le tengo en el corral y cuento con su compañía. Ahí donde lo ves con su cara de malo es muy tierno conmigo. Cuando regreso muy agotado de trabajar él me acaricia con sus cuernos o pone su cabeza sobre mi lomo cuando estoy durmiendo". "Ya que me hablas de tus tareas en este rancho ¿te gusta realizarlos o quisieras llevar la buena vida del chivo?", le pregunté a Catalino. No necesitó pensarlo para decirme: "Los hago con gusto. Y así no me agraden tengo que hacerlo porque para eso los burros estamos en la tierra, para servir como bestias de carga y medios de transporte. ¿Conformismo? No creo, cada quien tiene tareas que cumplir, y estas son las nuestras. De esta manera también les damos una razón de ser a nuestra existencia y colaboramos con nuestros amos, especialmente con aquellos que no pueden adquirir máquinas para hacer trabajos mecanizados en sus parcelas". "Catalino, tú solamente hablas de servir como bestias de carga y medios de transporte. Pero yo he visto que ustedes los équidos tienen capacidad para más". "No quería decirlo para no parecerte jactancioso, amigo fotógrafo. Esperaba que tú me lo dijeras, tú que has tratado mucho a los de mi especie en tu infancia, según dices. Estás en lo cierto, nosotros no sólo poseemos capacidad para hacer más sino también, por si acaso, para entender mucho más que los caballos. Lo he demostrado muchas veces en este rancho. Además, somos más valientes que los caballos. Ellos son propensos a padecer ataques de miedo. Y cuando se asustan echan a correr y no hay quien los pare. En cambio los burros, como tú habrás visto, de miedosos no tenemos nada, como tampoco de insensibles. Nosotros, al igual que los perros, podemos leer los sentimientos de los humanos, o sea conocer su estado de ánimo. Y esto no lo sostengo yo, lo escuché decir en un programa televisivo, en uno esos que veo por las tardes para culturizarme un poco. También dijeron en ese programa que los equinos somos inteligentes, tanto como los perros, ratas y cerdos". Ni bien llegó a este punto, le interrumpí a Catalino para decirle: "Estoy de acuerdo con lo que dijeron acerca de la inteligencia de ustedes los asnos, y yo puedo dar fe de ello. Nosotros tuvimos en mi pueblo una burrita que hacía cosas increíbles, como llevarnos por los caminos menos escabrosos y más directos a los lugares donde queríamos ir. Era como si hubiera sabido de nuestra prisa por recoger la leña o el pasto a fin de regresar lo más pronto posible a casa para ponernos a jugar. Una vez que la cargábamos con una de estas dos cosas, no necesitaba que volviéramos con ella. Por más largo y complicado que fuera el camino, solita llegaba a nuestro hogar, y todavía sacándonos ventaja por muchos minutos. Como sabía cuál era su sitio en nuestra propiedad, tomaba el caminito que la llevaba hacia el corral, y entraba en él no sin antes abrir la puerta con su hocico. Enseguida rebuznaba como para hacer saber que estaba ahí y que la liberaran de su carga. Lo que nunca voy a olvidar es cuando en una ocasión se puso terca, mejor dicho se rehusó, conmigo en su lomo, a pasar por un puente de concreto que vio con algunas rajaduras y que horas después fue noticia en todo el pueblo: se había quebrado en muchos pedazos por no tener el cemento necesario. No soy un erudito en burros, pero estoy convencido, Catalino, que esa terquedad de ustedes, por la que son famosos, no es otra cosa que una de las muchas muestras de su inteligencia. ¿Qué hubiera sucedido si mi burrita hubiera pasado por ese puente? Con seguridad, los dos hubiéramos sufrido daños muy graves. Sin embargo, su terquedad nos salvó de esos daños, su terquedad de no hacer lo que yo quería neciamente que hiciera, pasar por ese puente. Tú que eres un asno, Catalino, y sabes mejor que nadie hasta donde da tu masa cerebral, ¿qué me puedes decir sobre esa acción de mi burrita?". "Dejo a un lado la humildad que nos caracteriza a los equinos para rebuznarle al mundo, perdón, para gritarle que los burros no somos burros. Lo que no quiso hacer tu animal -estoy de acuerdo contigo, amigo fotógrafo-, no es más que una de las tantas señales de nuestra inteligencia. Por eso a mí me irrita cuando el capataz de este rancho califica de burros a ciertos políticos que son criticados en la televisión por no hacer bien su trabajo. ¿Por qué llamarles burros? Nosotros tenemos la inteligencia que necesitamos para sobrevivir y servir lo mejor posible al hombre. En cambio, a los humanos Dios les ha dado una inteligencia sin límites. Y si ciertos humanos no la han desarrollado, ¿qué tenemos que ver los équidos con su incapacidad? ¿Qué culpa tenemos que algunos ciudadanos sin preparación dirijan los destinos de una nación? ¿Que hagan el ridículo cuando desempeñan sus cargos? Creo que llamarles burros a esas personas incapaces es la peor forma de insultar nuestra inteligencia y de ofender a los que damos demasiadas muestras de capacidad y, por qué no, también de sensibilidad". Ni bien dijo esto último, en un tono un poco amargo, Catalino me manifestó que daba por terminada nuestra conversación porque no quería hacer esperar más a su hermano el chivo. "Vine solamente para hacerte una pregunta, sin embargo, hemos hablado casi durante una hora". Y tras agradecerme por haberle escuchado, se dirigió a pasos ligeros y sacudiendo las orejas al lugar donde se encontraba su hermano. Ya otra vez con él, primero rebuznó como de júbilo, y enseguida le volvió a demostrar lo que no puede ser otra cosa que su cariño al estilo de los burros, poniendo delicadamente su cabeza sobre la cabeza del chivo. Y al ver nuevamente así a este maravilloso animal que nunca le ha hecho daño a nadie y que hace su trabajo lo mejor que puede, no me quedó otra cosa que decir mientras no apartaba los ojos de él y su compañero: "Y hay quienes manifiestan que ustedes los asnos carecen de sensibilidad e inteligencia, contradiciendo lo que sostienen algunos reputados zoólogos. Pero sí su capacidad lo ponen de manifiesto a cada instante, dejándonos a veces con la boca abierta con sus acciones. Y ni qué hablar de su sensibilidad. ¿Acaso este cuadro que estoy contemplando no es un ejemplo de amor fraternal y compañerismo? No, los burros no son lo que la gente piensa de ustedes, Catalino. Sus apariencias engañan. Ustedes hacen lo que tienen que hacer, y lo hacen bien, a diferencia de ciertos individuos que no realizan eficientemente su trabajo, como algunos políticos, por ejemplo, y a quienes el capataz de este rancho y muchos de nosotros calificamos de burros. Sí, Catalino, debe ser humillante para ustedes, que usan a lo máximo su masa cerebral, que se llame burros a esos políticos incapaces, y por ende, que se los ligue a algo que por el modo de ser de tu especie jamás de los jamases tendría cabida en sus vidas: la política. Ustedes no mienten para ganar adeptos, no están implicados en narcotráfico, no matan a sus rivales, no tienen una mente perversa y maquiavélica como lo tuvieron Hitler, Stalin, Mao, Pol Poot, Nixon y otros gobernantes. Ustedes no están en las vergonzosas primeras planas de los diarios como sucede en mi país con los congresistas apodados "roba cable", "come pollo", "roba luz", "come oro", "lava pies", "mata perro" y tantos otros que tienen las manos sucias. Los burros, en cambio, tienen las patas limpias, moralmente, digo. Y si a menudo lucen sucias es por el trabajo.

La Fascinante Y Terrible Historia De Pancho Villa

Pancho Villa, el hombre sanguinario e indolente, pero que asombraba con su humanismo y sus tácticas en el campo de batalla; el jefe implacable con los traidores, según lo describen muchos, como por ejemplo mi padre José María Alire, quien fue uno de sus amigos. ¿Qué les puedo contar que no se haya contado o escrito acerca de este máximo héroe de la revolución mexicana? De este enamorado empedernido que llegó a casarse hasta setenta y cinco veces. De este dolor de cabeza de los militares yanquis que lo persiguieron durante once meses y no pudieron capturarlo. En fin, de este rebelde con causa, y más que suficiente como para alzarse en armas y convertirse en el azote de los ricos hacendados que eran dueños hasta de la vida de sus peones y hacían con ellos los que le venía en gana, a vista y paciencia de las autoridades y el clero. Mil mentiras se han dicho sobre Doroteo Arango Arámbula, su verdadero nombre, para desprestigiarlo. Para que no tenga un lugar de honor en nuestra historia. En algunas películas y libros lo presentan como un asesino desalmado y un ladrón. Pero ahí estuvo no solamente mi padre José María, sino también otros que le conocieron, y con quienes yo conviví en mi niñez, para decirle al mundo lo que no se quería decir entonces del Centauro del Norte. Villa robaba, sí, pero robaba a los que les sobraba la plata, a los ricos hacendados, para re- partirse el botín con sus huestes y para distribuir buena parte de ello entre los pobres. Nadie le puede acusar de haber sacado un gran provecho de sus robos porque Villa vivió y murió tan humilde como los campesinos de su época. Cuando él se retira de la vida militar no fue una mansión en óptimas condiciones la que comenzó a cobijarlo, sino una vetusta casona que estaba a punto de venirse abajo. A su viuda doña Luz Corral, yo tuve que ayudarle con las ganancias que obtenía de la venta a los turistas de pistolas que les engañaba habían pertenecido a Pancho Villa. Y ahí está el corresponsal de guerra John Reed para resaltar en uno de sus libros las grandes cualidades y virtudes de Villa. Este periodista estadounidense lo trató, y estuvo cerca a él, cámara fotográfica en mano, en muchas batallas. Para los ricos y los protectores de éstos, Villa no es más que un bandido analfabeto, no así para Reed, quien por la astucia y audacia que demostró en el campo de batalla lo considera un estratega genial, tan grande como Napoleón, aunque mi padre José María Alire le ponía más arriba del militar francés porque me decía que no hay que olvidar que Doroteo Arango jamás puso los pies en una academia militar, Napoleón sí. Él tampoco supo lo que fue una escuela, y aprendió tardíamente, en una cárcel, a leer y escribir. Por eso, consciente de su escasa educación, él siempre decía que sería una desgracia para México que un hombre inculto como él fuera un hombre de estado. Y porque le dio mucha importancia a la educación, Reed escribe que uno de los grandes sueños de Villa era que México tuviera muchas escuelas, sueño que hizo realidad, ya que en su época él fue el revolucionario que más escuelas mando edificar. Y ahí estuvo mi padre también, mientras vivió, para rebatir a aquellos críticos que sostenían que el Centauro del Norte carecía de sentimientos, que no sabía lo que eran las lágrimas y la compasión. ¡Tamaña mentira! Él era tan sensible que lloraba como una magdalena, y antes los ojos de la gente, cuando se enteraba que habían dado muerte a algunos de sus hombres. "Me han matado a mis muchachitos", decía. También me contaba mi padre que Villa era un gran enamorador y que escribía cartas de amor a sus mujeres que aunque repletas de errores ortográficos y gramaticales en ellas reflejaba su sentir, como por ejemplo en la que le escribió a Bertha Rentería y que en una parte le dice: "…Contésteme al Canutillo y ponga al sobre particular y dígame que hago y si ya no me quiere vida mía dígamelo también me vida". Él estaba hecho para los combates en los campos de batalla y en la cama. Llegó a casarse setenta y cinco veces. Y así como hay muestras de lo

sentimental que era, hay muchos testigos de su gran corazón
con sus familiares y amigos, y aún con los animales. En una
de las batallas que sostuvo, uno de sus caballos comienza a
cruzar el campo de batalla, bajo una lluvia de balas. Al ver
esto, el Centauro del Norte pide a sus hombres un alto al fuego
para no herir o matar al animal. Una vez que sacan al caballo,
ordena a sus hombres que vuelvan a descargar sus armas
contra el enemigo. En cuanto a que no sabía de compasión,
es cierto, pero es necesario aclarar que él no perdonaba a los
traidores. Les mandaba fusilar al instante. Y fueron muchos
los que intentaron traicionarlo o pretendieron matarlo. Pero
lo que más me repetía mi padre era que Villa era desconfiado
en sumo grado. Casi nadie le inspiraba confianza. Y era bien
justificada su desconfianza porque sus enemigos querían verlo
muerto lo antes posible porque sólo así dejaría de alborotar a la
gente pobre y de "chingar" a los ricos. Por esta razón, él jamás
despertaba en el mismo sitio donde unas horas antes se había
tumbado para descansar, después de pelear como un león en
una batalla o de bailar hasta más no poder en alguna fiesta.
¡Sabe Dios dónde exactamente dormía! Nadie lo supo jamás,
ni su general de mayor confianza, me decía mi padre. Lo cierto
es que al rayar el alba, le veían venir de un punto distinto
al lugar donde le vieron dirigirse para descansar. Algunas
veces el general Villa, tras acostarse en un sitio cualquiera
lo abandonaba enseguida no sin antes pedirle a uno de sus
soldados que durmiera en el lugar que dejaba y él se iba a otra

parte para cerrar los ojos tranquilamente. Algunos de estos soldados no se levantaron jamás porque fueron acuchillados por ciertos traidores que huían de inmediato creyendo que habían matado a Villa. Lo que le faltaba en educación y cultura le sobraba en astucia e ingenio. Me contó mi padre que una vez hizo algo sorprendente cuando se enteró que uno de sus hombres le quería traicionar. Convocó a todos sus generales a una reunión, en la cual hizo que a cada uno le sirvieran café. Una vez que todos tenían su taza en la mano, él se dirigió a ellos para decirle que se había enterado que uno de los presentes quería traicionarlo y les mintió que como él sabía quién era le había puesto veneno en su café. Acto seguido, pidió a sus hombres que empezaran a beber el café, y como era de esperar el único que se rehusó a hacerlo fue el que pensaba traicionarlo. Ahí nomás, y sin ningún consejo de guerra, le mandó fusilar. Así era el general de la famosa División del Norte: astuto, sentimental, tierno, un militar inteligente y un ser humano, demasiado humano. Pero además era sanguinario e indolente, igual o acaso menos que los hacendados de su época que obligaban a sus peones a trabajar de sol a sol para después exprimirles sus raquíticas ganancias. La vida le enseñó a desconfiar de los que le rodeaban y a eliminar a los traidores antes que lo mataran a él, y si quería sobrevivir para seguir combatiendo a los enemigos comunes del pueblo mexicano. Siempre estuvo dispuesto a morir por su patria, su gente y su familia. Este es el verdadero Pancho Villa.

(Nota: Este relato que Héctor Rosas publica en este libro contiene algunos de los datos sobre Pancho Villa que le reveló su amigo mexicano Edmundo Alire, hijo de don José María Alire, quien conociera al Centauro del Norte).

Mi Amigo Aldo

¡Ah, los amigos del colegio! De mi antiguo colegio me acuerdo con frecuencia no sólo porque ahí me eduqué y me preparé para el futuro, sino porque en esos recintos de mozalbetes y carpetas pasé los momentos más gratos de mi existencia y encontré a los muchachos que llegaron a ser mis más grandes amigos, incluso más allá de la vida escolar. Amigos con quienes estuve en el mismo salón y nos divertíamos jodiendo a los profesores. Con quienes hicimos "mataperradas". Con quienes anduvimos detrás de las chicas del colegio que era vecino al nuestro, el Brígida Silva de Ochoa. A quienes leí mis primeros poemas. Pero, sobre todo, amigos con quienes por unos momentos dejamos a un lado las amarguras contraídas a veces en nuestro hogar para divertimos a lo grande, poniéndoles sobrenombres a los profesores. O "cochineando" a los compañeros en la hora del recreo. O charlando en las esquinas sobre las hembritas que nos tenían locos, o acerca de nuestras vocaciones. Amigos, "colleras", "patas". Desgraciadamente a algunos, después de terminar la secundaria y mientras viví en Lima, no los volví a ver nunca más. A estas alturas del tiempo, unos probablemente ya estén bajo tierra, y otros, la mayoría, pasen sus días enclavados en un hogar, cargados de hijos y encadenados a la mujer que tal vez nunca imaginaron encontrar. Y otros, caminen por ahí, con su soledad, sin descendientes y con problemas de próstata, recordando a la chica que perdieron por una u otra razón y nunca recuperaron ni en sus sueños. Es el caso de mi amigo Aldo Torres, a quien veíamos después de las horas de clases con su adorada Frida, caminando por las calles de Chorrillos, muy encaramelados. Pero no se sabe por qué razón llegó un momento en que se terminó el caramelo y ella nunca más quiso saber nada de esa relación, a pesar de todo lo que hizo Aldo para reconquistarla, como esperarla horas de horas en las esquinas, bajo la lluvia. Por ahí me enteré, por boca de uno de sus primos, que ella lo dejó por su mal carácter, cosa que lo comprobé cuando ahondé mi amistad con él. Efectivamente, tenía una forma de reaccionar de los mil demonios. Pero él no había nacido con ese mal carácter, sino que el pobre era asmático, y cuando le venían los ataques de esta enfermedad se ponía de muy mal humor, tan mal que una vez, en un "tono", porque no le gustaba la música, de un patadón rompió el tambor de la orquesta. Había que ser bien amigo de él para soportarlo y comprender sus arranques de ira. Y yo, que también era asmático, le entendía y llegamos a ser grandes "patas", como que los dos éramos del sur, él de Chincha y yo de Cañete, ciudades vecinas, en las cuales abunda el camote y la papa, tubérculos que a los dos nos deleitaba. Para mi madre, que lo conocía, Aldo era simplemente "el chinchano", pero para la "collera" era Aldo Torricelli, pues así quería que lo llamáramos, para impresionar a las chicocas. No quería saber nada con Torres, probablemente porque era un apellido bastante común y muy fuerte de pronunciar. Llegamos a entendernos tan bien mientras estudiamos la secundaria en el Colegio Riva Agüero de Chorrillos que nuestra amistad prosiguió inalterable durante los años que cursamos los estudios superiores, cuando ya podíamos emborracharnos sin tener que ocultarnos de nuestros viejos en los parques o en la casa de algún amigo. Vaya nochecitas de aguardiente y baile que pasamos en las afueras de Chorrillos o en el cuarto donde él vivía desde que estaba en la secundaria, y donde yo casi siempre me quedaba a dormir el fin de semana porque a veces no podía dar un paso con tanto alcohol en la sangre. Ya profesionales seguíamos frecuentándonos, sea para ir a algún "tono" o para conversar en alguna esquina de la Avenida Huaylas, rodeados por "mocosos" y muchachos mayores que nosotros. Él hablaba entusiasmado de su trabajo en una fábrica de telas, en tanto que yo hablaba de mis frecuentes viajes de periodista a las provincias del país, acompañando a algún ministro del gabinete del General Velasco Alvarado, quien gobernaba entonces el Perú. Le gustaba que yo hablara acerca de los muchos libros que había leído. Pero, a veces, me olvidaba de los libros y terminaba hablando no de Li Tai Po o de Francois Villón, sino de una muchacha de la selva que me tenía hechizado. El hechizo funcionó y poco tiempo después me casé con ella no sin antes haberle hecho pasar algunos malos ratos por mis pequeñas "perradas" en las cuales Aldo era mi cómplice, el amigo que la llamaba a ella, a mi pedido, para decirle una u otra cosa cuando yo no podía ir a verla a su casa por la sencilla razón de que me encontraba "hasta las patas" de borracho. Algunas veces le pedía que le dijera que había tenido que ir al entierro de un pariente en Cañete. Otras veces, que había viajado al interior del país para realizar un reportaje. Maldita sea, en una ocasión, porque no se me ocurrió otra cosa, le pedí que le dijera que había muerto mi padre. Enconada discusión que tuve con ella cuando nos casamos y se enteró que mi padre estaba más vivo que un pez en el río. Para no quedar como un gran mentiroso, no tuve otra salida que decirle que fue un invento de mi compinche Aldo, de quien, con el dolor de mi corazón, me alejé un poco durante el corto tiempo que viví con mi esposa en Lima, pues ella, por mutuo acuerdo, abandonó el Perú y emprendió viaje a los Estados Unidos con mi hijo de casi año y medio de nacido. Yo, que tenía un trabajo bastante bueno, me quedé en Lima para reflexionar y tomar una decisión: O mandaba al diablo a Lima, o me reunía con mi esposa, claro, después de mandar al diablo a los choclos que devoraba por las noches en el Jirón de la Unión con los colegas, luego de maquillar las noticias oficiales en el Edificio Palacio. O después de mandar al diablo a las cafeterías donde me reunía con el poeta Juan Carlos Lázaro para hablar de Francois Villon y la revolución que creíamos inminente y que nunca llegó. ¿Pero podría mandar al diablo todo esto, sin los cuales mi vida no tendría sentido? ¿Podría cambiar mi mundo cholo por un mundo gringo? ¿Podría dejarlo todo por un hijo y una mujer que me esperaban en California? Mientras tomaba una decisión volví a frecuentar a Aldo y otros "patas", ya no tanto para mover el esqueleto en las fiestas, sino para escuchar sus consejos oliendo a cerveza y cigarrillos. Mi madre me decía: "no hay nada mejor para un hijo que crecer al lado de sus padres", en tanto que casi todos los que me conocían manifestaban: "trabajas en un lugar envidiable. Piénsalo bien antes de dejarlo". Por su parte, Aldo siempre me repetía: "tú saldrás adelante en cualquier lugar del mundo. No te olvides de los amigos nomás". Lo que me dijeron mi madre y Aldo Torricelli fue determinante. No lo pensé mucho, preparé maletas y "Adiós muchachos, compañeros de la vida…". Más pudo la nostalgia por mi hijo y la mujer que me dio ese vástago en un momento de amor y pasión. Y así es como hace más de treinta años vivo en California, entre otra gente, en un mundo distinto al que me vio nacer y crecer. Pero ni la distancia ni el tiempo me ha hecho olvidar al amigo con quien pasé momentos maravillosos e inolvidables en mi adolescencia y juventud. Y él tampoco se olvida de mí. Siempre estamos llamándonos por teléfono o viéndonos cuando yo me encuentro en Lima. Mi madre ahora está bajo tierra. Pero cuando ella vivía, Aldo, sin que yo se lo pidiera, la visitaba religiosamente en el Día de la Madre y en Navidad. ¡Qué mejor homenaje de él a nuestra amistad!

TEMAS UN TANTO POLÉMICOS

(Publicados en periódicos y revistas)

El Más Grande De Los Sueños Americanos

En nuestros días se habla muchísimo del "Sueño Americano", pero de un sueño americano que está ligado al dinero y los bienes materiales; de un sueño americano que viene a ser una especie de canto de sirena para los que perdieron la fe en la democracia y en sus gobiernos.

Pero sobre todo para los que no ven mejorar su situación económica en sus propios países porque, hay que decirlo, este factor ha sido determinante en la huida masiva, por ejemplo, de los peruanos hacia los Estados Unidos de América y a otras partes del mundo. Y aquí están los investigadores Juan de los Ríos y Carlos Rueda para sustentarlo: "Los determinantes económicos perceptivos (índice de satisfacción) y los objetivos (distribución de ingresos y diferencial de ingresos per cápita) ocupan un lugar preponderante en la explicación de los flujos migratorios peruanos al exterior".

Casi todos los inmigrantes que vienen a los Estados Unidos de América llegan atraídos por ese famoso sueño, y con la firme idea que tarde o temprano lo harán suyo, pues lo que más escucharon hablar en sus pueblos fue que esta nación es una gigantesca veta de dólares, y que llegar a tener bienes y mucho dinero, aquí, es cuestión sólo de tiempo. Y si no, son los amigos en nuestros países los que dicen que en Estados Unidos de América llueve dólares, son algunos parientes los que aseguran que si no hubieran alzado el vuelo a la tierra del Tío Sam, nunca hubieran poseído todo lo que tienen. Que nunca hubieran llevado una vida cómoda y sin preocupaciones. Verdad o mentira esto último, sin embargo deslumbra a quienes su propia patria los trata como si fueran sus hijastros.

De todos los que llegan, día a día, muy pocos tienen una noción distinta del Sueño Americano. Casi todos creen que este sueño no es otra cosa que el codiciado metal que, otrora, buscaban los aventureros en California.

Esos aventureros ahora son los que se cansaron de buscar un empleo en su patria, y ese oro, de acuerdo a lo que propagan los medios de comunicación, ya no es tal sino una mansión o un vehículo del año o un negocio muy próspero. En pocas palabras, el "Sueño Americano" es sinónimo de opulencia y confort. Así lo creyó una sobrina que llegó no hace mucho de Lima, Perú, con el firme propósito de "bañarse en dólares", pero como vio que las cosas no eran como se lo habían pintado no tardó mucho en abandonarnos, no sin antes decirme amargamente: "Ahora sé lo que es el Sueño Americano". "Nosotros nos dimos cuenta en qué consistía este sueño desde que empezamos a conocer este país – le dijimos- pero a tiempo comenzamos a verlo de otra manera, y por eso desde que nuestro hijo tuvo uso de razón le hablamos de las grandes ventajas de educarse".

Casi no se habla, en los ámbitos donde nos movemos, de lo que debería ser para todos el más grande de los sueños americanos. Sí, casi no se habla de la EDUCACIÓN cuando se aborda, en la radio y la televisión, el tema del éxito.

Poco importa el nivel cultural o los estudios de la persona. Ser exitoso o triunfador, para el común denominador de la gente, es tener mucho dinero y llevar una vida comodísima.

Es por esta idea que se ha dispersado sobre el éxito que la mayoría de los inmigrantes ni bien pisan suelo americano comienzan a pensar en todo, menos en los estudios. Son contados con los dedos de las manos los que se acordarán que estudiaron para tal o cual cosa y tratarán de hacer algo con los valiosos conocimientos que poseen. Son pocos los que, de una u otra forma, continuarán cultivándose para dar el ejemplo en su familia. Y lo que es peor: también son pocos los que le darán prioridad a la educación de sus hijos.

En esta patria de los dólares casi todos terminamos rindiéndonos ante el dinero, y esta fascinación nuestra por ese papelito verde, con rezagos de cocaína, es observado por los hijos en el hogar y más allá de éste, especialmente en el ámbito deportivo, en el cual el dinero corre como sangre en los mataderos de reses. Ahí la materia gris no importa, lo que interesa es la maña y la gran capacidad física, cada vez más engañosa, porque los esteroides están de por medio, en muchos casos.

Los artistas y los deportistas ganan tanto que los jóvenes ya no quieren ser doctores ni ingenieros, sino artistas o estrellas en alguna disciplina deportiva. Y cómo no van a ambicionar serlo si escuchan que el cantante Luis Miguel humedece sus labios en un casino de Las Vegas con un vino que cuesta mil dólares la botella. O que Julio Iglesias se transporta exclusivamente a un lugar del mundo en su avión privado para saborear el chocolate de su predilección. O que el beisbolista Alex Rodríguez pasó a formar parte de los Yankees de Nueva York después de firmar un contrato por 250 millones de dólares para jugar durante diez años.

Noticias como éstas son las que más se propagan. Ellos no escuchan que un maestro gane más que Joe el fontanero. Por eso, muchos jóvenes no quieren saber nada con la universidad porque han llegado a la conclusión que no vale la pena quemarse las pestañas para llegar a ejercer profesiones que no les van a llenar la cartera de la noche a la mañana. O que no vale la pena devorar pilas de libros si hay individuos, con escasos conocimientos, que firman contratos por sumas millonarias, y todo porque tienen unas piernas habilidosas o una voz prodigiosa.

También porque ven que sus progenitores tienen una profesión que nunca la han ejercido. O porque observan que hay personas que, sin tener un título profesional o ningún talento, de pronto, sospechosamente, aparecen con grandes fortunas o cargos prominentes. La tarjeta de presentación de estos individuos es el dinero y el poder que tienen.

Y los medios de comunicación hacen muy poco para hacer ver a nuestra juventud que el camino más seguro al éxito es la educación. En la televisión hispana, por ejemplo, casi no tienen cabida los intelectuales y los científicos. Todos los días, y a cada rato, sólo se ven futbolistas y cantantes haciendo gala de su escasa cultura y sus criterios limitados.

"La televisión y la educación han vivido en sus últimas décadas una relación de pareja desavenida, más girada al desencuentro y la ignorancia recíproca que a la relación cordial y cooperativa. Pocas confluencias y muchas divergencias han jalonado esta no siempre intensa relación, llena de recelos y distanciamientos", manifiesta el Dr. Ignacio Aguaded Gómez, de la Universidad de Huelva, España.

Gran parte de los que conducen los programas radiales, por ejemplo, son individuos improvisados que, por su falta de preparación y de una amplia cultura, desconocen los objetivos del Periodismo. Por esta razón, de lo que más deberían hablar es lo que menos interés tiene para ellos. Los temas educativos no están presentes en sus programas, pero sí abundan los chistes de mal gusto y los chismes y rumores que dan por ciertos.

Vivimos en una época y en una sociedad donde casi nada contribuye a que la mayoría de los jóvenes que llegan a este país, o nacen aquí, abriguen el sueño de llegar a tener una profesión universitaria.

Los que están en las universidades son aquellos jóvenes que quieren ser la diferencia. Aquellos cuyos padres participaron en su educación. Aquellos que hicieron eco a las invocaciones de las instituciones educativas para que acudan a ellas en busca de becas o financiamiento para que cursen estudios superiores. Aquellos que sacaron fuerza de voluntad y dieron no uno sino varios pasos adelante.

Frente a este panorama, nada beneficioso para la superación personal, hay mucho que hacer para corregir falsas ideas. En lo que corresponde a los padres, es necesario y urgente que tomen conciencia de la importancia de la educación y metan en la cabeza de sus hijos que ésta debe ser el mayor Sueño Americano. (Publicado en La Nueva Prensa en diciembre del 2008)

Los "Niños Brillantes" No Son Necesariamente Los Mejores

Es comprensible que los padres se sientan felices y orgullosos porque su niña o niño es el que tiene las más altas calificaciones de su clase. Y también porque a menudo es premiado por su rendimiento escolar y recibe muchos elogios por parte de sus maestros.

Pero de ahí a manifestar que su hija o hijo es el mejor, y pensar que las altas calificaciones indiscutiblemente hacen que un niño sea mejor que otros en la escuela y en la sociedad, no sólo no está bien, sino que se equivocan. Así pensamos por experiencia quienes también somos padres y vemos las cosas desde otra óptica educativa.

En el mejor de los casos lo podemos considerar como un buen estudiante que merece nuestro aprecio, pero de ninguna manera como el mejor, sobre todo si no reúne las características que se requieren para ser visto como tal, no sólo como estudiante y compañero, sino como ser humano, dentro y fuera de la escuela.

Así como no sabemos del desenvolvimiento de algunos de estos niños en la escuela, tampoco conocemos su manera de ser con sus compañeros de clase. Por esta razón casi nada podemos decir acerca de ellos. Sólo sabemos que son inteligentes y que obtienen altas notas, según pregonan mayormente aquellos padres que no tomaron en serio su educación. O aquellos, entre otros, que esperan que sus muchachos los saquen de la pobreza con el tiempo, por lo cual no perdonan sus altibajos en los estudios y los tienen con el libro de matemáticas hasta altas horas de la noche.

(Si esos padres consideran como algo extraordinario las cosas que hacen para que sus hijos destaquen en los estudios, o que sus triunfos son obra suya, piensan mal. Olvidan que el cerebro es de sus niños y que sus logros requieren de la participación de padres y maestros. También porque "… es peligroso caer en el error de que el reconocimiento público de sus éxitos se convierta en el objetivo primordial de lo que hacemos, dejando de lado lo que el niño siente y quiere… Pero más peligroso aún es que los padres vivamos sus victorias como una credencial de nuestra idoneidad como tales o como una forma de sobresalir a través de sus logros, y de esta forma nos sea difícil distinguir si lo que ambicionamos es para beneficio de nuestros hijos o para beneficio de nuestro ego", según la educadora colombiana Ángela Marulanda.)

Cierto, desconocemos la conducta de estos niños en la escuela, pero sí sabemos de sobra del comportamiento de algunos en sus hogares y en su núcleo familiar, y nos quedamos horrorizados por su mal carácter y sus caprichos y su escaso deseo de comunicarse con los adultos y de relacionarse con sus familiares de su misma edad. Cuando los vemos en las calles o vamos a sus casas, tratamos de saludarles con una sonrisa en los labios, sin embargo ellos ni siquiera nos miran porque están malhumorados o están muy ocupados con el celular. (Muchos de los padres que son testigos de esta escena ni les va ni les viene. ¿Pero qué podrían exigirles a sus pequeños si ellos también hacen lo mismo, manipulando su celular todo el tiempo, hasta cuando están comiendo, mostrando de esta manera su precaria educación y su falta de respeto a las personas que les acompañan? Olvidan estos adultos que el ejemplo es fundamental para la educación de los que comienzan a tomar en cuenta todo lo que ven y escuchan).

Precisamente para ver sonreír a estos pequeños, sus padres tienen que comprarles, por ejemplo, el celular de moda que les exigen o hacer los que ellos quieren bajo presión. Aquellos siempre salen con sus gustos. Pareciera que este fuera el precio que cobran por tener altas calificaciones, por ser "los mejores" de la clase. Algunos de ellos, inclusive, son los que imponen casi todas las reglas en sus hogares y no sus padres.

En este punto es necesario señalar que hay niños que no son necesariamente los mejores de la clase, pero en cambio desarrollan su sociabilidad y se muestran comunicativos y poseen cualidades, a veces más de lo debido, para los deportes, la música, las artes gráficas y la literatura, por ejemplo. Lamentablemente hay personas que por ignorancia y escasa visión de las cosas, menosprecian estas actividades, y solo consideran como muy inteligentes a los muchachos que destacan en los cursos de ciencias.

Algo más. Estos muchachos pueden ser muy inteligentes y tener una gran inclinación por las ciencias, y, por ende, sobresalir, especialmente en matemáticas. Pero eso no siempre hace que sean los mejores de su clase por razones que mencioné anteriormente. Y también porque pueden mostrar una mayor inteligencia que otros o tener una memoria privilegiada, pero no siempre son los que más se entregan de lleno a los estudios y no siempre, confiados en su memoria, son los que más cumplen con las tareas escolares.

Dizque No Tienen Tiempo Para Nada

Vaya excusa de algunas mujeres para "no hacer lo que más debieran hacer", para no estar lamentándose de la pésima vida que llevan. Para no vivir culpando a su mala suerte por no poder salir adelante o a ciertos parientes de los que dicen que siembran el mal en su camino para que ellas lo recojan.

"No tengo tiempo para nada". Es una frase que escucho de boca de algunas féminas que continúan realizando, por un escuálido salario, el mismo trabajo con el que empezaron hace años. A unas les damos la razón, hasta cierto punto, que les falte tiempo "para no hacer lo que más debieran hacer" porque ellas, después de laborar ocho horas o más, llegan a sus casas a entregarse a las más duras de las tareas: los quehaceres domésticos, cuya labor principal consiste en preparar la comida y atender a los hijos y al cónyuge. No es sencillo ni cuestión de minutos. Requiere de harto tiempo y mucha fortaleza que al final de la noche las doblega. No les queda el menor ánimo para algo más. Sólo quieren descansar.

¿Pero puede perdonarse igualmente por "no hacer lo que más debieran hacer" a las mujeres que están todo el día en sus casas, o a las que trabajan en restaurantes y tiendas, y no siempre tienen que realizar los duros quehaceres domésticos, y no todos los días tienen que quemarse las manos en la cocina? A éstas que andan diciendo que "no disponen de tiempo para nada" suele vérseles durante el día en el internet emulando a sus cantantes favoritos o a cualquier idiota con ojos azules que aparece en su página de facebook. O a las que se las ve por las noches durante horas ante la computadora, buscando al hombre ideal que son incapaces de cautivar en el medio donde viven porque sus hermosas caderas de nada le sirven cuando abren la boca para hablar.

¿Que no tienen tiempo para nada? ¡falso! Vemos que muchas mujeres sí tienen tiempo para muchas cosas, pues de lo contrario no las veríamos a menudo en el internet y, por ende, no sabríamos nada de ellas. Lo que sucede es que no tienen ningún interés en dedicar parte de su tiempo a "hacer lo que más deberían hacer" porque no tienen ambiciones y no les importa mejorar su calidad de vida. Miento, algunas sí tienen ambiciones, pero no hacen lo que más deberían hacer.

¿Y qué es lo que más deberían de hacer estas mujeres? ¡educarse, educarse, educarse! Y no necesariamente para que lleguen a tener un título profesional o alcanzar la sabiduría, sino al menos para que mejoren su nivel cultural, para que cuando conversen uno no tenga que cubrirse los oídos. O para que adquieran más conocimientos relacionados con los trabajos que efectúan y puedan escalar posiciones en los medios donde se desempeñan. O para nutrirse con otros conocimientos que les permitan descubrir de repente el trabajo que siempre hubieran querido hacer.

Y para educarse ya no es indispensable hoy en día ir a un college o a una universidad, pues en casa tenemos el aparato electrónico que contiene todo el saber humano, con el cual muchas de estas mujeres se entretienen respondiendo al cortejo del primer aventurero que ve su foto por triplicado en su página de facebook. Y después dicen "que no tienen tiempo para nada".

"Para cultivarse no hay edad. Hagan con sus encantos lo que quieran, pero no dejen de educarse", les decía mi abuela a algunas de mis tías. Ahora lo recuerdo.

Los Actos De Corrupción Son Comunes En Las Familias

La corrupción también se da en la familia. No es un mal de ahora, data desde tiempos inmemoriales. Basta indagar sobre el pasado de algunas familias que se volvieron pudientes, para ver que salieron de la miseria después de recurrir a los medios más malsanos e ilícitos. Balzac lo dijo con la contundencia habitual de su gran prosa: "Detrás de toda gran fortuna, hay un crimen". O sea que este mal no se presenta sólo en las esferas de la burocracia y la empresa privada como pretenden hacernos creer ciertas buenas conciencias por las redes sociales. Se rasgan las vestiduras maldiciendo a los políticos inmorales, pero no dicen ni indagan que muchos de ellos aprendieron sus primeras malas artes mediante un legado familiar de ambición y usura.

Leamos lo que dice marga arzabal en su blog: "el término' corrupción' suele ser utilizado para referirse a actividades ilícitas o deshonestas que se llevan a cabo mayormente dentro de organizaciones estatales. En ese sentido, se cataloga de corrupto a un político que saca provecho personal de los recursos del estado".

Considerando estos conceptos de corrupción y de corrupto, y desde el instante que este mal está bien arraigado en nuestra sociedad, entonces puede hablarse de corrupción en todos los cuerpos sociales donde se llevan a cabo robos, estafas y la apropiación ilícita de bienes comunes. No es ninguna novedad que en muchas familias se puede ver esto, sobre todo, la apropiación, mediante argucias y engaños, de inmuebles y propiedades.

En estos días la prensa peruana informa ampliamente sobre estos casos con mucha frecuencia. Pero no vayamos a pensar que estas acciones repugnantes se dan en la familia sólo como un reflejo de lo que acontece en nuestra sociedad atacada por esta pandemonia, no, es porque los virus de este mal se comienzan a inocular en los miembros de la familia desde que tienen uso de razón. Y quienes los transmiten son los mismos familiares, de mayores a menores, como un turbio y secreto legado, del cual hasta a veces se precian. "Historia de la corrupción en el Perú", libro del investigador Alfonso Quiroz, se ha convertido en este país en un libro indispensable. A través de sus reveladoras páginas, salen a relucir los apellidos de muchas de las "grandes familias" peruanas de abolengo que amasaron sus fortunas asaltando las arcas nacionales.

Deshonestidad, inmoralidad, engaño, ambición, viveza, todo esto se planta y se abona muchas veces en la familia. Lo corrobora el psiquiatra peruano Roberto Urrutia, quien sostiene que la corrupción se inicia en casa y que los corruptos se forman en el hogar. Y está en lo cierto porque desde la más temprana edad se va quedando en el subconsciente lo que se observa en el hogar: Los actos inmorales y las mil y una vivezas de los padres. O lo que hacen ellos más allá de la casa: sobornos a cambio de servicios públicos y trampas en las tiendas. Asimismo, se van quedando en la memoria sus consejos que no son de oro, sino de cobre, como ese de que "si vas a hacer algo ilegal, hazlo bien para que no te pillen . O este otro consejo: "En esta vida hay que sacarle provecho a todo, no hay que ser cojudo". Sus hijos no olvidarán estos consejos perniciosos, cuando lleguen a la adultez o antes, lo pondrán en práctica. Obrarán en ese sentido en la primera ocasión que se le presente, como cuando desempeñen cargos públicos o privados. Otros, los que no se desempeñen en estos sectores, buscarán la manera, impulsados por la codicia y la maldad, de registrar ilícitamente a su nombre, por ejemplo, bienes de la familia. O de estafar al hermano que de buen corazón le prestó algún dinero. Estos últimos individuos, es necesario decirlo, son tan corruptos como cualquier político o ejecutivo ladrón. Son egoistas y ambiciosos que sólo buscan su propio beneficio, así signifique perjuicio para los demás. Para lograr sus objetivos, ellos ignoran o traspasan las leyes y reglamentos.

Algo muy importantes, según el psiquiatra Urrutia, "las personas corruptas se muestran como seres sociables, amigables y respetuosas, sin embargo, ocultan conductas psicópatas y están dispuestos a pasar por encima de cualquier persona".

Como refiriéndose a estos individuos despreciables, Allan Poe decía: "El hombre es un animal que estafa, y no hay animal que estafe además del hombre".

¿Son Exitosos Sólo Los Que Más Tienen?

"Los estudios son la llave del éxito". Esto es lo que empezamos a escuchar desde que teníamos uso de razón. Nuestros padres y maestros nos lo repitieron tanto que esta frase se convirtió en un disco rayado. Y cuando no lo escuchábamos de boca de ellos, lo leíamos en algunos textos de lectura o nos lo decían aquéllos que podían lucir su título profesional en las paredes de sus oficinas alfombradas.

Impulsados por ese dicho, algunos tratamos de ser los mejores en la escuela y, después, en la universidad. Y nos graduamos convencidos que "los estudios son la llave del éxito".

Pero el tiempo nos ha hecho ver que no todos los que obtienen un título profesional, en nuestros países, llegan por una u otra razón, a ejercer su profesión. Y a no todos los que ejercen su profesión les sonríe.

Son pocos los que, honesta o deshonestamente, conocerán la abundancia o llevarán una vida sin apremios económicos. Y son contados, en nuestra sociedad, los que recibirán el calificativo de "hombres de éxito". Esto dependerá mayormente del volumen de dinero que lleguen a acumular y no del volumen de conocimientos que lleguen a tener.

Primera pregunta: ¿Los estudios son o no la llave del éxito? Más de uno ha dicho que "los estudios no son la puerta del éxito". Por ejemplo, el español Salomón Aguado, ganador en el 2001 del Primer Premio Nacional Fin de Carrera al Mejor Expediente Académico. "Sin embargo, sin estudios las puertas no se abren fácilmente", remarca en su blog Educadores 21 el profesor español Víctor Cuevas. "¿Contradicción? En absoluto, los estudios son una condición necesaria pero no suficiente. Se necesitan habilidades personales, inteligencia emocional, capacidad de sufrimiento, perseverancia y, quizás, suerte. Una suerte que tienes que forjarte para poder estar en el sitio oportuno en el momento oportuno", manifiesta.

Como podemos ver, los estudios no lo son todo para triunfar, pero son necesarios, muy necesarios en estos tiempos totalmente diferentes a los de antes, necesarios, como la espada para el guerrero, para defenderse en el caso de ser atacado o para movilizarse con más tranquilidad en las zonas de peligro, o para no ser presa fácil del enemigo. "Generalizar la promesa de la educación en nuestro país es una de las necesidades más apremiantes, ya que en la economía mundial, en la que la destreza más valiosa que se puede comercializar es el conocimiento de los individuos, una óptima educación no es ya una manera de encaminarse hacia la oportunidad, sino el requisito fundamental para que éste se materialice", ha manifestado el Presidente Obama.

Definitivamente, con los estudios hay más posibilidades de progresar y de alcanzar el éxito de una manera más eficaz. Por eso, no tomemos muy en serio a Soichiro Honda cuando dice: "Un diploma es menos útil que una entrada de cine. Con una entrada de cine uno puede al menos entrar en la sala de cine y pasar una buena velada; pero con un diploma, no se está muy seguro de poder entrar en la vida".

Segunda pregunta: ¿Está el éxito necesariamente en lo económico? Al parecer eso es lo que creen aquéllos que le dan poco o ningún valor a la educación, como Soichiro Honda, por ejemplo. Aquéllos que piensan que el dinero lo es todo en la vida, que es la mejor tarjeta de presentación, que nada o muy poco se puede hacer sin él y que con dinero se puede comprar conciencias y votos, y también títulos profesionales.

¿Por qué se piensa que el éxito lo da el dinero? La respuesta es muy sencilla: Porque eso es lo que se escucha en nuestras sociedades tan metalizadas que el culto más generalizado es al dinero. Porque eso es lo que hacen ver los medios de comunicación, al poner como modelos de personas exitosas, entre otros, a magnates, artistas y deportistas que ganan lo que muchos profesionales jamás podrán acumular en toda su vida. También porque eso es lo que trata de grabarnos en la mente esta sociedad en la cual todo gira alrededor del dinero, en la cual se da un valor al individuo de acuerdo a lo que tiene en el banco y en su garaje.

Pero "El éxito no siempre tiene que ver con lo que mucha gente ordinariamente se imagina… No se debe a las dimensiones de tu casa, a cuántos carros caben en tu cochera o si éstos son último modelo…se debe a cuánta gente te sonríe, a cuánta gente amas y cuántas admiran tu sinceridad y tu sencillez… Se trata de si te recuerdan cuando te vas… Se refiere a cuánta gente ayudas, a cuánta evitas dañar…Es acerca de tu inclusión con los otros, no de tu control sobre los demás… si fuiste egoísta o generoso… Se trata de tu conciencia tranquila, tu dignidad invicta y tu deseo de ser más, no de tener más…". Tal vez esta sea una manera muy idealista o romántica de ver al éxito, pero muchos estamos de acuerdo con esto que se puede leer en el blog mensajespositivos.net.

Para no pasar por contradictorios o resentidos, vamos a admitir que los individuos a quienes sonrió la fortuna, sin tener una preparación académica, son personas de éxito, porque hay que reconocer que el éxito casi siempre requiere de sacrificio, y muchos de ellos se sacrificaron y fueron perseverantes. Ah, y se enfrascaron en conocer a fondo la actividad en la que triunfaron y de la cual al principio no sabían nada. Ahí están, por ejemplo, en mi país, el "Rey del tomate" y el "Rey de la cebolla". Ellos comenzaron a comercializar en pequeñísima cantidad estos vegetales, y les ha ido tan bien con sus negocios que ahora son los que más venden estos productos y los que más dinero poseen.

Pero si ellos son hombres de éxito ¿entonces qué son aquéllos que han llegado a tener una profesión, después de rebanarse los sesos en un salón de clase y en su habitación? Aquéllos que no defraudaron a su familia ni a su país. En fin, aquellos que se trazaron una meta y lo alcanzaron después de prepararse concienzudamente.

¿Serán éstos los grandes fracasados de un país porque no tienen varias casas y carros del año? ¿Serán éstos los grandes conformistas porque persisten con la pluma o la computadora? ¿O acaso son éstos los que realmente han alcanzado el éxito porque, venciendo mil obstáculos, se superaron? ¿Porque colmaron todas las expectativas del país y de sus padres que invirtieron en su educación?

¿Está el éxito en lo económico o en la educación? Vamos a admitir que también está en lo económico, pero sin dejar de subrayar que el más grande de los éxitos está en la educación. Así lo creemos los que sabemos lo fácil que es, a veces, hacer dinero y lo difícil que es mantener los ojos abiertos en los claustros universitarios cuando, durante el día, se trabaja a brazos partidos y por las noches se estudia. Así lo creemos los que estamos convencidos de que sólo la educación puede darnos una mejor calidad de vida y una visión más amplia de las cosas; los que reconocemos el poder que tiene el dinero, pero que a pesar de ello, no nos dejamos someter por él ni cautivar por su brillo o su sonido metálico.

Y aquí viene otra pregunta: ¿Y dónde radica el éxito de la educación? ¿En llenarnos de conocimientos para sobresalir como lumbreras o para vivir bien a costa del trabajo de los demás? ¿En ser un ejemplo de persona respetuosa? ¿En tener presente que "lo cortés no quita lo valiente" o en saludar, con una sonrisa de oreja a oreja, a todos los que se cruzan en nuestro camino, aunque muchos de ellos no sean ángeles de nuestra devoción? ¿En no dejarnos engañar por falsos sabios o tantos políticos improvisados y corruptos que dirigen los destinos de los países? ¿En encontrar los mejores empleos y percibir los salarios más altos? ¿En conocer los componentes del átomo y fabricar bombas? No. Creemos que el éxito de la educación está "en transformar mediante una dialéctica al ser humano", tal como lo dice la pedagoga y abogada ecuatoriana Juana Jesús Ochoa Soledispa, quien agrega sabiamente:

"Ésto implica autoestima, valoración personal, respeto por su patrimonio, identidad cultural y que sean capaces de cambiar la realidad en la que viven".

¿Por qué de mi fe ciega en la educación? Nuestros días sobre la Tierra serán iguales o peores que los de muchos de nuestros antecesores que no tuvieron una buena preparación académica sino hacemos un esfuerzo para que sean diferentes y mejores. Y la manera más eficaz para que esto sea posible es estudiando. Muy fácil de decirlo, pero bastante duro para llevarlo a cabo, sin embargo vale la pena todo lo que se haga para superarnos porque sólo así tendremos más caminos que escoger, más alternativas para triunfar y menos posibilidades de ser víctimas de las injusticias, la marginación y la pobreza.

"La vida no cambia si no decidimos a cambiar la vida", dijo José Saramago, uno de mis literatos favoritos. Y tener una mejor calidad de vida se puede lograr con la educación. Pero educarse requiere de tiempo, sacrificios y medios económicos que a veces no se posee en la cantidad suficiente o que a muchos le parece muy excesivo tan solo por sentarse en una carpeta para escuchar a quienes depositarán determinados conocimientos en sus mentes. No vamos a refutar este punto de vista, pero "si la educación te parece cara, prueba con la ignorancia", dice Albert Einstein.

Otras Obras Del Autor

"La educación y los hispanos en los Estados Unidos de América"

(Libro de ensayos publicado en Filipinas por la editorial Palibrio)

"De repente, el poema"

(Libro de poemas publicado en Perú por Ediciones Vicio Perpetuo Vicio Perpetuo)

"Andanzas, travesía y naufragios" en colaboración con el poeta Juan Carlos Lázaro.

(Libro de poemas publicado en Perú por Ediciones Sol & Niebla)

Relatos y poemas sueltos del autor se encuentran en las antologías:

"La nueva ola" y "Punto de encuentro" (cuentos), Perú.

"Poliedro / Una muestra poética de la generación del 70".

"Cónclave para el verso", "Tercera antología poética / Los bardos del pueblo" y "Personajes en la literatura de la región Lima" (poemas), Perú.

"Antología poética contemporánea / Las caras del amor" (poemas), Massachusetts, E.U.A.

"Sin ambages" y "Por amor" (poemas), publicados en Murcia y Madrid, respectivamente, España.

E-MAIL DEL AUTOR: fexlix123@aol.com

SOBRE EL AUTOR

HRP EN SU DOMICILIO DE CONCORD CUANDO FUE ENTREVISTADO POR UNIVISIÓN. CALIFORNIA.

HRP CON SUS EX COMPAÑEROS DE CLASE DE LA G.U.E. JOSÉ DE LA RIVA AGUERO. CHORRILLOS, LIMA.

HRP CUANDO ENTREVISTÓ AL POLÍTICO CUBANO RAÚL CASTRO, HERMANO DE FIDEL CASTRO. LIMA, PERÚ.

CON EL ACTOR ESTADOUNIDENSE C. ANDREW NELSON, QUIEN HACE EL PAPEL DE DARTH VADER EN LAS PRIMERAS PELÍCULAS DE STAR WARS.

ENTREVISTANDO A VICTOR JOY WAY, EX- MINISTRO DE ECONOMÍA Y FINANZAS DEL EX- PRESIDENTE ALBERTO FUJIMORI. ORINDA, CA.

ENTREVISTANDO AL NOTABLE HISTORIADOR PABLO MACERA. LIMA, PERÚ.

ENTREVISTANDO AL ENTONCES PRESDIDENTE DE NICARAGUA ARNOLDO ALEMÁN. SAN FRANCISCO, CA.

DESPUÉS DE ENTREVISTARLA, HRP POSA CON LA ENTONCES SENADORA (R) LYNNE C. LEACH. WALNUT CREEK, CA.

"ES IMPORTANTE SU CONTRIBUCIÓN EN NUESTRA SOCIEDAD. UDS. ESTÁN AYUDANDO EN LA DINÁMICA DE LA NACIÓN".

DECLARACIONES DE LA EX-SENADORA (R) LYNNE C. LEACH
ENTREVISTA: HÉCTOR ROSAS P

LOS HISPANOS EN E.U.A.
"YO PIENSO QUE LOS HISPANOS HAN CONTRIBUÍDO ENORMEMENTE EN NUESTRA SOCIEDAD. NOSOTROS VALORAMOS MUCHO LA RIQUEZA DE SU CULTURA Y TRADICIONES. VALORAMOS TAMBIÉN EL SENTIDO QUE TIENEN DE COMUNIDAD Y DE LA FAMILIA. ESTOY SORPRENDIDA POR SU CONTRIBUCIÓN... Y DÉJAME DECIRTE, HÉCTOR, QUE UNA DE LAS RIQUEZAS DE NUESTRA NACIÓN SON TODAS ESTAS COMUNIDADES QUE TRAEN SU TALENTO Y HABILIDADES, Y LA HISPANA ES UNA DE ELLAS. USTEDES ESTÁN AYUDANDO EN LA DINÁMICA DE LA NACIÓN, PARTICULARMENTE DE CALIFORNIA... SU AMOR POR EL TRABAJO Y OTROS VALORES QUE USTEDES TIENEN, FORTALECEN NUESTRA NACIÓN Y ENTRE MÁS GENTE TENGA ESTOS VALORES MÁS FUERTES SEREMOS..."

CON LA EX-SENADORA (R) LYNNE LEACH.

HRP CON EL FAMOSO DEPORTISTA JOSÉ CANSECO, UNA DE LAS LEYENDAS DEL BASEBALL ESTADOUNIDENSE. ANTIOCH, CA.

EL DIRECTOR DE LA G.U.E. JOSÉ DE LA RIVA AGUERO COLOCÁNDOLE EN EL PECHO UNA MEDALLA DORADA, POR HABER OBTENIDO LAS MÁS ALTAS CALIFICACIONES EN SU CENTRO DE ESTUDIOS. CHORRILLOS, LIMA, 1965.

CON EL POETA MAYOR JUAN CARLOS LÁZARO, QUIEN FALLECIÓ HACE POCO. CON ÉL REALIZARON VARIAS PUBLICACIONES LITERARIAS. ELLOS SE CONOCIERON EN EL PALACIO DE GOBIERNO DEL PERÚ, DONDE SE DESEMPEÑARON COMO PERIODISTAS. LOS OLIVOS, LIMA.

CON EL ESCRITOR PERUANO-ESCOCÉS JORGE ALIAGA CACHO, QUIEN ESCRIBIÓ EL PRÓLOGO DE SU LIBRO DE POEMAS "DE REPENTE, EL POEMA". HUACHO, LIMA.

EL ESCRITOR Y POETA JULIO SOLÓRZANO MURGA HACIENDO UN ANÁLISIS DE "LA NIÑEZ Y EL DEMONIO DE LA SOLEDAD", LIBRO DE HRP. SOLÓRZANO MURGA ES EL FUNDADOR DE LA SOCIEDAD DE POETAS Y ESCRITORES DEL PERÚ.

CON EL LAUREADO POETA Y PERIODISTA JUAN CARLOS LÁZARO EN ESE JIRÓN DE LA UNIÓN QUE TANTAS VECES RECORRIERON JUNTOS CUANDO TRABAJABAN EN PALACIO DE GOBIERNO. ESTÁ CON ELLOS SU SOBRINO ALEX ROSAS. LIMA.

CON EL MUNDIALMENTE FAMOSO MÚSICO Y PROMOTOR MUSICAL EMILIO ESTEFAN, ESPOSO DE LA CANTANTE GLORIA ESTEFAN. AQUÍ, EMILIO ABRAZA EFUSIVAMENTE A HRP DESPUÉS DE RESPONDER A LAS ATREVIDAS PREGUNTAS QUE LE HIZO EL ESCRITOR Y PERIODISTA ROSAS Y QUEDAR SATISFECHO CON EL INTERVIW. CONCORD, CA.

SEGÚN NOS DIJO HRP: "AQUÍ EN ESTA FOTO CON MI "SAGRADA FAMILIA": MI ESPOSA ALCIRA, MI NIETA JANA Y MI HIJO HÉCTOR JR." WALNUT CREEK, CA.

CON SU NUERA HEIDI, SU HIJO Y SU NIETA EN UN DÍA DE CAMPO. BENICIA, CA.

HRP CON SU CUÑADA IRMA Y SU SOBRINA BETTY MONTOYA EN UNA TARDE QUE LE HOMENAJEARON. IMPERIAL, CAÑETE.

HRP CON TRES DE SUS HERMANOS EN UNA DE SUS VISITAS A PERÙ. SURQUILLO, LIMA.

DISEÑOS DE HÉCTOR ROSAS PADILLA CON ALGUNOS DE SUS PENSAMIENTOS

LAS METAS NO SON FÁCILES DE ALCANZAR. EL CAMINO SERÁ LARGO, LLENO DE PELIGROS Y DE ESAS CONOCIDAS E INFALTABLES "PIEDRAS": LOS PESIMISTAS, LOS ENVIDIOSOS Y LOS DERROTADOS ANTES DE TIEMPO.

HÉCTOR ROSAS P

Todo camino parecerá interminable para quien se conforma con contemplarlo solamente, pero no lo será para quien tiene metas y no pierde el tiempo calculando su dimensión.

HÉCTOR ROSAS PADILLA

PHOTO: HECTOR ROSAS P

95

LOS QUE SALEN ADELANTE, NO SE QUEJAN QUE LES FALTA EL TIEMPO PARA ABRIR UN LIBRO

DESIGN: HÉCTOR ROSAS P

"...LAS PERSONAS QUE SALEN ADELANTE, NO VIVEN LAMENTÁNDOSE QUE LES FALTA EL TIEMPO PARA ABRIR UN LIBRO, SE LAS INGENIAN PARA EDUCARSE O INCREMENTAR SUS CONOCIMIENTOS Y NO LES RUEGAN A LOS SANTOS QUE LES AYUDEN A SALIR AIROSAS DE ALGO PARA LO QUE NO SE HAN PREPARADO, NO PIERDEN EL TIEMPO PARA IR TRAS SUS METAS; Y SI ALGO NO LES SALE BIEN, NO CULPAN A NADIE SINO ASÍ MISMAS POR SU FALTA DE CONOCIMIENTOS O DESTREZA, POR NO ABRIR LOS LIBROS O... POR NO SACARLE UN MEJOR PROVECHO A ESE APARATO ELECTRÓNICO QUE CONTIENE TODO EL SABER HUMANO: LA COMPUTADORA..."

DICEN QUE LA INTELIGENCIA NO COMBINA CON LA BELLEZA FÍSICA. PUEDE SER EN ALGUNOS CASOS, NADA ES ABSOLUTO. AH, PERO CUANDO LA INTELIGENCIA Y LA BELLEZA FÍSICA JUNTAN SU BRILLO EN UNA MISMA PERSONA, SU RESPLANDOR NOS ENCEGUECE.

DESIGN Y TEXTO: HÉCTOR ROSAS P.

RECONOCIMIENTOS A LA PRODUCCIÓN INTELECTUAL DEL PERIODISTA Y POETA HÉCTOR ROSAS PADILLA.

FOTO: ÁNGEL RUIZ